应该知道的语文知识

青少年

YING GAI ZHI DAO DE

YU WEN ZHI SHI

王　芳　编著

沙瓤西瓜吃到嘴——甜到心上
沙坝上写字——要不得就抹
沙丘的家——不定
沙锅里炒胡豆——抓不开
沙滩上行船——进退而难
沙土井——淘不深（比喻进行不了，深入不进去。）
沙漠里烤火——就地取材（柴）
沙漠里的水——点滴都可贵
沙滩上走路——步一个脚印
沙滩上盖房——根基不牢
沙和尚挑行李——义不容辞
钉木鞋使锥——多余
钉掌的敲耳朵——离题（啼）太远
钉钉子垂了手——敲不到点子上
杀猪的刀——要快
杀猪用铅笔刀——全凭诀窍
杀猪割耳朵——不是要害
杀猪开膛——搜肠刮肚
杀猪不褪毛——先吹起来看
杀猪捅屁股——各有各的刀路
杀猪的遇到拦路——都有家伙
杀猪不吹——蔫退（火退）
杀猪分下水——人人挂心肠
杀人不见血——阴毒
杀人的偿命，借债的还钱——应该
杀鸡的刀子——派不上大用场

云南大学出版社

图书在版编目（CIP）数据

青少年应该知道的语文知识／王芳编著 . ——昆明：云南大学出版社，2010
　ISBN 978 - 7 - 5482 - 0135 - 9

　Ⅰ. ①青…　Ⅱ.①王…　Ⅲ.①汉语 - 青少年读物　Ⅳ.①H1 - 49

中国版本图书馆 CIP 数据核字（2010）第 106003 号

青少年应该知道的语文知识

王　芳　编著

责任编辑：于　学
封面设计：五洲恒源设计
出版发行：云南大学出版社
印　　装：北京市业和印务有限公司

开　　本：710mm×1000mm　1/16
印　　张：15
字　　数：200 千
版　　次：2010 年 6 月第 1 版
印　　次：2010 年 6 月第 1 次印刷
书　　号：978 - 7 - 5482 - 0135 - 9
定　　价：28.00 元

地　　址：云南省昆明市翠湖北路 2 号云南大学英华园
邮　　编：650091
电　　话：0871 - 50332445031071
网　　址：http://www.ynup.com
E - mail：market@ynup.com

序　言

　　语言，是一门最高深的艺术，是一种最善变的魔术，是一个最有趣的游戏。如果你能充分地掌握它，你就能充分地感受到语言的乐趣。在语言的王国里，汉语是最神奇的一个，也是最难掌握的一个。王安石曾经说过："夫夷以近，则游者众；险以远，则至者少。而世之奇伟、瑰怪、非常之观，常在于险远，而人之所罕至焉，故非有志者不能至也。"古人云："有志者，事竟成。"希望读者能从此书中，获得汉语学习的乐趣，掌握汉语最基本的知识。

目　录

I

古代汉语基础知识

一、古今异义词

1. 爱人：宽厚而爱人，尊贤而重士（古义；爱百姓。今义：丈夫或妻子。）

2. 把握：其为物身轻宜藏，在于把握（古义：手掌内。今义：抓住成功的可靠性）

3. 卑鄙：先帝不以臣卑鄙（古义：地位低，见识浅。今义：言行不道德。）

4. 暴露：将士暴露数十年，所欲者土地人民耳（古义：在野外征战。今义：显露出来。）

5. 便宜：数上书言便宜事（古义：对国家有利的。今义：略。）

6. 不必：弟子不必不如师（古义：不一定；今义：用不着，

不需要。）

7. 不避：今海内为一，土地人民之众，不避汤禹（今义：不亚于、不次于。今义：不躲开）

8. 不起：诸府五辟，诏十至，坚卧不起（古义：不出来做官。今义：略。）

9. 不可：时有请立刘氏七庙者，太后问辅臣……鲁宗道不可（古义：不同意，不认可。今义：不可以。）

10. 不过：不过数仞而下（古义：不超过。今义：转折连词）

11. 北面：何不按兵束甲，北面下事之（古义：面向北，投降。今义：方位名词之一。）

12. 城市：昨日入城市，归来泪满巾（古义：城市里做买卖。今义：略。）

13. 成立：至于成立（古义：成家立业。今义：略）

14. 处分：处分适兄意，进止敢自专（古义：安排处理。今义：处罚。）

15. 初一：初一交战，操军不利（古义：刚一。今义：衣历每月的第一天。）

16. 从容：然皆祖屈原之从容辞令（古义：言语、行动得体。今义：不慌不忙。）

17. 从事：遣一从事以一少牢告庙（古义：下属官职之一。今义：略。）

18. 从而：吾从而师之（古义：跟随（他）并且……。今义：表因果的连词。）

19. 聪明：耳目聪明，四肢坚固（古义：听力好、视力好。今义：略。）

20. 操持：卧起操持节旄尽落（古义：拿着。今义：料理筹

划）

21. 动摇：而齿牙动摇（古义：松动。今义：态度不坚定）

22. 独立：北方有佳人，绝世而独立（古义：与众不同。今义：不依赖他人。）

23. 地方：今齐地方千里（古义：土地方圆。今义：略。）

24. 怠慢：怠慢忘身，灾祸乃作（古义：松懈、轻忽。今义：冷淡不热情）

25. 反复：其存君兴国而欲反复之（古义：恢复。今义：略。）

26. 放心：孟子论"求放心"，而并称曰"学问之道"（古义：放纵散漫的心。今义：略。）

27. 逢迎：新妇识马声，蹑履相逢迎（古义：迎接。今义：言行故意迎合别人的心意。）

28. 分布：（陆）逊乃益施牙幢，分布角鼓（古义：到处布置。今义：散布在一定区域内。）

29. 夫人：公曰："不可，微夫人之力不及此……"（古义：那个人。今义：男子的配偶。）

30. 非常：备他盗之出入与非常也（古义：意外的情况。今义：很，极。）

31. 放心：孟子论"求放心"，而并称曰"学问之道"（古义：放纵散漫的心。今义：略。）

32. 扶老：策父老以流憩（古义：拐杖。今义：扶着老人）

33. 风流：千古风流人物（古义：杰出的人才。今义：生活放荡）

34. 感激：三顾至于草庐之中……由是感激（古义：感动奋发。今义：略。）

35. 港口：舟回至两山间，将入港口（古义：河的支流相交汇

的地方。今义：供大船停泊的地方）

36. 告诉：则告诉不许（古义：申诉。今义：让别人知道。）

37. 故事：苟以天下之大，而从六国破亡之故事（古义：先例，旧例。今义：真实或虚构的事情。）

38. 更衣：权起更衣，肃追于宇下（古义：上厕所。今义：换衣服。）

39. 诡辩：而设诡辩于怀王之宠姬郑袖（古义：谎言。今义：略。）

40. 豪杰：号令召三老、豪杰与皆来会计事（古义：有声望有地位的人。今义：才能出众的人。）

41. 何苦：而山不加增，何苦而不平（古义：担心什么。今义：用反诘语气表示不值得。）

42. 河南、河北：将军战河南，臣战河北（古义：黄河以南、以北地区。今义：行政：省份之一。）

43. 横行：当横行天下，为汉家除残去秽（古义：纵横驰骋。今义：略。）

44. 婚姻：沛公奉卮酒为寿，约为婚姻（古义：亲家。今义：夫妻关系。）

45. 活人：丽土之毛足以活人者，多矣（古义：养活人。今义：活着的人。）

46. 或者：或者曰（古义：有的人、有些人。今义：选择连词或副词。）

47. 即使：即使吏卒共抱大巫妪投之河中（古义：就让。今义：假设性让步连词。）

48. 几何：几何不从汝而死也（古义：多少日子。今义：多少）

4

青少年应该知道的语文知识

49. 舅姑：洞房昨夜停红烛，待晓堂前拜舅姑（古义：公婆。今义：略。）

50. 绝境：率妻子邑人来此绝境（古义：与世隔绝的地方。今义：略。）

51. 绝食：郡界大水，人灾，绝食者千余家（古义：吃不上饭。今义：略。）

52. 交通：出入章献皇后家，与诸贵人交通（古义：交往。今义：略。）

53. 简练：敬亭退而凝神定气，简练揣摩（古义：有所取舍地用心练习。今义：略。）

54. 经济：古来经济才，何事独罕有（古义：治理国家。今义：略。）

55. 结束：与村中少年结束而出（古义：整理好行装。今义：事情的过程完结。）

56. 具体：立土动及百尺……亦雁荡具体而微者（古义：形体完备而规模较小。今义：特定的，不笼统的。）

57. 举手：先生举手出狼（古义：动手。今义：表赞同或要求发言的动作）举手长劳劳（古义：告别时的动作。今义：同上）

58. 慷慨：慷慨激昂（古义：理直气壮、义气激昂。今义：大方）

59. 开张：诚宜开张圣听（古义：扩大。今义：店铺开业）

60. 可怜：楚人一炬，可怜焦土（古义：可惜。今义：值得怜悯。）

61. 可以：可以一战（古义：可以凭借。今义：可能或能够。）

62. 可恨：用人不当以才，闻贤不试以事，良可恨也（古义：痛惜。今义：令人憎恨）

63. 口舌：可以口舌动之（古义：指说话。今义：是非争吵）

64. 会计：号令三老、豪杰与皆来会计事（古义：聚会商议。今义：管理财务计算的人。）

65. 空中：空中而多窍（古义：中间是空的。今义：天空中。）

66. 老大：老大嫁作商人妇（古义：年龄大。今义：兄长、长子、船老大。）

67. 老子：遥望老子杖（拄着）藜（藜杖）而来（古义：老人。今义：父亲；粗俗的自称。）

68. 来者：将藏之于家，使来者读之（古义：以后的人。今义：到来的人。）

69. 牢笼：牢笼百态（古义：包罗。今义：关鸟兽的东西。

70. 烈士：烈士暮年，壮心不已（古义：有抱负、有操守的男子。今义：为正义而牺牲的人。）

青少年应该知道的语文知识

71. 垄断：无垄断焉（古义：山川阻隔。今义：把持独占。）

72. 留意：先生可留意（古义：考虑。今义：当心、注意。）

73. 美人：传以示美人及左右（古义：皇帝的妃嫔。今义：美貌的女子。）

74. 明年：越明年，政通人和，百废具兴（古义：第二年。今义：今年的下一年。）

75. 明日：明日，赦濂，安置茂州（古义：第二天。今义：今天的下一天。）

76. 南面：宰执以下俱使之南面上坐（古义：面向南。今义：表方位的名词。）

77. 轻易：李文忠守严州，帝欲召还。后曰："严，敌境也，轻易将不宜……"（古义：随便改换。今义：随便；容易。）

78. 区区：孔融数之，因宣操区区之意（古义：诚恳。今义：

数量少或事物不重要。）

79. 秋天：俄顷风定云墨色，秋天漠漠向昏黑（古义：秋季的天空。今义：略。）

80. 前进：于是相如前进缶（古义：上前献上。今义：略。）

81. 亲戚：臣之所以去亲戚而事君者（古义：包括父母兄弟的内外亲属。今义：不包括父母、兄弟的亲属。）

82. 其次：列坐其次（古义：旁边，水边。今义：次序，等第。）

83. 妻子：子布、元表等人各顾妻子（古义：妻子、儿女。今义：略。）

84. 其实：操虽托名汉相，其实汉贼也（古义：他实际上。今义：副词，表示所说是实际情况。）
自以为得其实（古义：那事情的真相；今义：实际上。）

85. 迁徙：然陈涉……而迁徙之徒也（古义：被征发的人。今义：迁移。）

86. 人情：人情一日不再食则饥（古义：人民的普遍情况。今义：应酬送礼，情面情谊）

87. 肉食：肉食者谋之，又何间焉（古义：享受优裕的大官。今义：肉类食物）

88. 事情：案事发奸，穷竟事情（古义：事情的真实情况。今义：略。）

89. 山东：山东豪俊遂并起而亡秦族矣（古义：崤山以东。今义：行政省份之一。）

90. 稍稍：稍稍宾客其父（古义：渐渐地。今义：稍微。）

91. 生理：吾辈无生理矣（古义：活命的机会。今义：生命活动和器官机能。

92. 所以：臣所以去亲戚而事君者（古义：的原因。今义：因果关系连词）

师者，所以传道受业解惑也（古义：用来，靠他来。今义：略）

93. 睡觉：云鬓半偏新睡觉，花冠不整下堂来（古义：睡醒。今义：略。）

94. 首领：令五人保其首领以老于户牖之下（古义：头、颈。今义：领导人。）

95. 虽然：虽然，公输盘为我为云梯（古义：虽然这样。今义：用于转折复句的上半句的连词。）

96. 束手：旌麾南指，刘琮束手（古义：投降。今义：没办法）

97. 私人：以大中丞抚吴者，为魏之私人（古义：党羽；今义：个人，非公家的。）

98. 是非：是非不能也，乃不为也（古义：这不是。今义：略。）

99. 少年：吾与汝俱少年（古义：青年男子。今义：未成年）

100. 突出：银瓶乍破水浆迸，铁骑突出刀枪鸣（古义：突然出现。今义：超出一般地显露，）

101. 痛心：吴之民方痛心焉，于是乘其厉声以呵，则噪而相逐（古义：痛恨。今义：极其伤心。）

102. 无论：问其朝，乃不知有汉，无论魏晋（古义：不用说。今义：表示条件不同而结果不变的连词。）

103. 无聊：是以东垂被虚耗之害，关中有无聊之民（古义：没有依靠。今义：因清闲而烦闷。）

104. 无赖：最喜小儿无赖，溪头卧剥莲蓬（古义：活泼好玩。

今义：流氓，刁钻泼辣无理取闹）

105. 往往：墙往往而是（古：处处；今：时常，经常。）

106. 向来：惟觉时之枕席，失向来之烟霞（古义：原来的。今义：从来，一向。）

107. 学者：古之学者必有 70. 向前；凄凄不似句前声，满座重闻皆掩泣（古义：刚才。今义：略）

108. 形容：形容枯槁（古义：形体容貌。今义：对事物加以描述。）

109. 消息：日中则昃，月盈则食，天地盈虚，与时消息（古义：消失、生长。今义：略。）

110. 县官：今诸生学于太学，县官日有廪稍之供（古义：朝廷。今义：略。））

111. 学问：（王）尊窃学问，能史书（古义：学习请教。今义：略。）

112. 宣言：宣言曰：我见相如必辱之（古义：公开扬言。今义：政府的公告。）

113. 下车：（张）衡下车，治威严，整法度（古义：到任。今义：略。）

114. 小子：小子无所畏，何敢助妇语！（古义：小孩子，含贬义。今义：男孩；对青年人的鄙称。）

115. 牺牲：牺牲玉帛，弗敢加也（古义：祭祀用的牲畜。今义：略。）

116. 行李：若舍郑以为东道主，行李之往来，共其乏困（古义：使者。今义：略。）

117. 行成：遂使之形成于吴（古义：达成协议、讲和。今义：

118. 行为：吾社之行为士先者，为之声义（古义：品行作为。

今义：举动。）

119. 辛苦：臣之辛苦（古义：辛酸苦楚。今义：身心劳苦。）

120. 意思：陆逊意思深长（古义：内心思想。今义：略。）

121. 约束：秦自穆公以来，未尝有坚明约束者也（古义：盟约。今义：限制。）

123. 以为：夫颛臾，昔者先王以为东蒙主（古义：让……做。今义：认为。）

124. 以致：不爱珍器重宝肥饶之地，以致天下之士（古义：来招纳。今义：引出某种不好的结果的连词。）

125. 以往：召有司案图，指从此以往十五都予赵（古义：向哪里。今义：从前。）

126. 影响：惠迪吉，从逆凶，惟影响（古义：影子、声响。今义：略。）

127. 因而：不如因而厚遇之，使归赵（古义：乘机。今义：表示结果连词。）

128. 颜色：颜色憔悴（古义：脸色。今义：略。）

129. 野人：乞食于野人，野人与之块（古义：住在郊野的农民。今义：略。）

130. 于是：晋于是始墨（古义：从此。今义：表承接的连词。）

吾祖死于是（古义：在这件事上。今义：表承接的连词。）

131. 因为：因为长句，歌以赠之（古义：于是写。今义：略。）

132. 殷勤：致殷勤之意（古义：恳切慰司。今义：热情周到。）

133. 用心：用心一也（古义：思想意识的活动。今义：用功读书或肯动脑筋。）

134. 鱼肉：如今人方为刀俎，我为鱼肉（古义：鱼和肉，被欺凌的对象。今义：鱼和肉。）

135. 爪牙：祈父予王之爪牙（古义：得力的帮手和武士。今义：坏人的党羽。

136. 丈夫：使天下丈夫、女子莫不欢然（古义：成年男子。今义：略。）

137. 丈人：子路从下后，遇丈人（古义：老年男子。今义：岳父。）

138. 长者：市人皆以嬴为小人，而以公子为长者（古义：有德行的人。今义：年老的人。）

139. 志气：毛血日益衰，志气日益微（古义：精神。今义：求上进的决心和勇气）

140. 指示：璧有瑕，请指示王（古义：指出来给……看。今义：上级对下级发布命令。）

141. 治理：（尹翁归）历守郡中，所居治理（古义：太平清明。今义：略。）

142. 智力：且燕赵处秦革灭殆尽之际，可谓智力孤危（古义：智谋力量。今义：略。）

143. 致意：一篇之中，三致意焉（古义：表达心情。今义：问候。）

144. 祖父：思厥先祖父，暴霜露，斩荆棘，以有尺寸之地（古义：祖辈、父辈。今义：略。）

145. 中伤：属县长吏虽中伤，莫有怨者（古义：内心不高兴。今义：恶意诽谤他人。）

146. 中国：万一中国水旱，而边方有风尘之警（古义：中原

地区。今义：略。）

147. 中间：中间力拉崩倒之声（古义：中间夹杂。今义：略。）

148. 中外：既而契丹围瀛州，直犯贝魏，中外震骇（古义：朝廷内外。今义：中国和外国。）

149. 中心：中心藏之，何日忘之（古义：心里。今义：主旨、重心、主要的机构场合。）

150. 众人：今之众人（古义：一般人，普通人。今义：许多人。）

151. 正视：（某人）恃势据民地，人莫敢正视（古义：正眼看。今义：严肃认真地对待。）

152. 整顿：沉吟放拨插弦中，整顿衣裳起敛容（古义：整理。今义：变乱为治。）

153. 至于：①至于颠覆，理固宜然（古义：落到……的结局。今义：表另提一件事的连词。）②至于赵之为赵（古义：是动词"至"与介词"于"的连用，译为"到，上推到"。今义：表示达到某种程度，或另外提起一事。）

154. 纵情：既得志，则纵情以傲物（古义：放纵自己的欲望。今义：尽情。）

155. 左右：王顾左右而言他（古义：侍卫人员。今义：大致范围；控制。）

青少年应该知道的语文知识

二、通假字

1. 案：同"按"；审察，察看。动词。"召有司案图，指从此以往十五都予赵。"

2. 罢：通"疲"；疲劳。形容词。"罢夫羸老易于而咬其骨。"

3. 颁：通"班"；"斑"；头发花白。形容词。"颁白者不负戴于道路矣。"

4. 板：同"版"；字版。名词。"板印书籍，唐人尚未盛为之。"

5. 暴："同曝"晒。动词。"虽有槁暴，不复挺者，輮使之然也。"

6. 暴：同"曝"暴露，显露。动词。"思厥先祖父，暴霜露，"

7. 暴：同"曝"；暴露，显露。动词。"忠义暴于朝廷。"

8. 杯：同"杯"；酒器。名词。"沛公不胜杯杓，不能辞。"

9. 倍：通"背"，背叛，忘记。动词。"愿伯具言臣之不敢倍德也。"

10. 倍：同"背"背叛，违背。动词。"倍道而妄行，则天不能使之吉。"

11. 被：通"被"；顶。动词。"被明月兮佩宝璐。"

12. 被：同"披"；穿着。动词"闻妻言，如被冰雪。"

13. 被：同"披"；覆盖在肩背上，动词。"廉颇为之一饭斗米，肉十斤，被甲上马。"

14. 被：同披；覆盖在肩背上。动词。"屈原至于江滨，被发行吟泽畔。"

15. 俾倪：同"睥睨"；斜着眼看。形容词。"见其客朱亥，俾倪。"

16. 辟：通"避"；躲避。动词。"其北陵，文王所辟风雨也。"

17. 辟：通"僻"；行为不正。形容词。"放辟邪侈，无不为已。"

18. 弊：通"敝"；困顿，失败。形容词。"秦有余力而制其弊。"

19. 弊：通"敝"；疲惫，衰败。"率疲弊之卒，将数百之众，转而攻秦。"

20. 弊：通"敝"；疲惫，衰败。形容词。"今天下三分，益州疲弊。"

21. 徧：同"遍"遍及，普遍。动词。"小惠末徧，民弗从也。"

22. 宾：同"傧"；迎接客人的人。名词"设九宾于廷，臣乃敢上璧。"

23. 不：同"否"；不。副词。"或师焉，或不焉。"

24. 不：同"否"；吗。疑问语气词。"察王以十五城请易寡人之璧可予不？"

25. 不：同"否"；吗。疑问语气词。"汝见我不？"

26. 不：同"否"；吗。疑问语气词。"宁可共载不？"

27. 材：同"才"；才能。名词。"食之不能尽其材。"

28. 裁：通"才"；刚刚。副词。"手裁举，则又超忽而跃。"

29. 采：同"彩"彩色，颜色。名词。"成五采，此天子气也。"

30. 采：同"彩"；颜色，彩色。名词。"须臾成五采。"

31. 仓：同"苍"；黑色。名词。"要离刺庆忌也，仓鹰击于殿上。"

32. 藏：同"脏"脏腑。名词。"末至二三里，摧藏马悲哀。"

33. 缠：通"缠""胡取禾三百廛兮？"

34. 唱：通"倡"；倡导。动词。"而予三十年前所主唱之三民主义、五权宪法。"

35. 钞：同"抄"；抄写。动词。"适中手自钞录。"

36. 雠：同"仇"；仇敌，仇人。"及仇雠已灭，天下已定。

37. 鉏：同"锄"；锄头。名词。"鉏櫌棘矜，非铦于钩戟长铩也。"

38. 绌：通"黜"；罢免官职。动词。"屈平既绌，"

39. 从：同"纵"；合纵，联合抗秦。动词。其后秦欲伐齐，齐与楚从亲。"

40. 从：同"纵"；与"横"相对，"合从缔交，相与为一。"

41. 从：同"纵"；与"横相对，"赵使平原君求救，合从于楚。"

42. 淬：通"焠"；金属器械烧后放入水中，"取之百金，使工以药淬之。"

43. 厝：同"措"；放置。动词。"一厝朔东，一厝雍南"。

44. 错：同"措"；放。动词。"以君为长者，故不错意也。

45. 当：通"挡"抵挡，抵偿。动词。"汉亦留之以相当。"

46. 当：通"挡"抵挡。动词"曹军不能抵当。"

47. 当：通"挡"；抵挡。动词。"非刘豫州莫可以当操者。"

48. 当：通"挡"；遮挡。动词。"坦墙周庭，以当南日。"

49. 党：通"倘"；倘若，偶然。副词。"风雨之不时，怪星之党见。"

50. 道：同"导'；引导。动词。"故善者困之，其次利道之。" 51. 得：通"德"；恩惠。名词。"所识穷乏者得我钦?"

52. 吊：同"掉"；落。动词。"连一根针吊在地下都听得见响!"

53. 丁宁：同"叮咛"嘱咐。动词。"府吏见丁宁，结誓不别离。"

54. 读：通"逗"；即现在的"，"。名词。"授之书而习其句读者。"

55. 度：同"渡"；渡过，越过。动词。"一夜飞度镜湖月"

56. 队：通"坠；坠落。动词。"星队、木鸣、国人皆恐。"

57. 敓：同"夺"；强取，夺取。动词。"再敓门，门闭不得出。"

58. 堕：通"隳"；毁弃。动词。"堕军实而长寇仇，亡无日矣!"

59. 而：通"尔"；"你的。代词。"吾乃与而君言，汝何为者也?"

60. 而：通"尔"；你。人称代词。"某所，而母立于兹。"

61. 而：同"如"象。形容词。"军惊而坏都舍。

62. 尔：同"耳"罢了。语气助词。"时人伤之，为诗云尔。"

63. 尔：同"耳"：罢了。语气助词。"无他，但手熟尔。"

64. 尔：同"耳"：罢了。语气助词。"以头抢地尔。"

65. 尔：同"耳"；罢了。语气助词。"倘三年犹不得，即犹不归尔。"

66. 尔：同"耳"；罢了。语气助词。"非死则徙尔。"

67. 蕃：通"繁"；多。形容词。"水陆草木之花，可爱者甚蕃。"

68. 反：同"返，返回。动词。"今日往而不反者，竖子也"

69. 反：同"返"返回，归来。动词。"其良人出必餍酒肉而后反。"

70. 反：同"返"返回。动词。"人穷则反本。"

71. 反：同"返"；返回。动词。"盖亦反其本矣。"

72. 反：同"返"；往返，返回。动词。"责收毕，以何市而反？"

73. 反：同"返"；往返，返回。动词。"寒暑易节，始一反焉。"

74. 奉：通"俸"俸禄，薪俸。名词。"弘位在三公，奉禄甚多。"

75. 奉：同"捧两手托着。动词。"王必无人，臣愿奉璧往使。

76. 缶：同"瓿"盛酒浆的瓦器。名词。"请奉盆缶秦王，以相娱乐。"

77. 拂：同"弼"；辅弼。动词。"入则无法家拂土。

78. 父：同"甫"，古代在男子名字下加的美称。名词。"长乐王回深父，余弟安国平父、安上纯父。"

79. 盖：通"盍"，为什么。疑问代词。"兴化部是日遂凌出华林部远甚。"

80. 盖：通"盍"；何不。兼词。"盖亦反其本矣。"

81. 盖：通"盍"；为什么，疑问代词。"嘻，善哉，技盖至此乎？"

82. 干：通"岸""坎坎伐檀兮，置之河之干兮。"

83. 估：通"贾"；商人。名词。"舟中估客莫漫狂，小姑前年

嫁彭郎。"

84. 灌：通"盥"；洗手。动词。"媵人持汤沃灌。"

85. 函胡：同"含糊"形容词。南声函胡，北音清越。"

86. 曷：同"何"；什么。疑问代词。"蹈死不顾，亦曷故哉？"

87. 衡：通"横"跟竖、直相对。名词。"有勇力者聚徒而衡击。"

88. 衡：通"横"梗塞，指不顺。动词。"困于心，衡于虑。"

89. 衡：通"横"与纵相对，"外连横而斗诸侯。"

90. 华：同"花"；植物的繁殖器官。名词。"混黄华叶衰。"

91. 画：同"划"用拨子在琵琶中划一下。用拨子在琵琶中划一下。

92. 驩：同"欢"欢聚。动词。"王必欲降武，请毕今日之驩。"

93. 还：同"环"；绕。动词。"秦王还柱而走。"

94. 还：同"旋"；回转、掉转。动词"扁鹊望桓侯而还走。"

95. 皇：通"惶"；恐惧，惊慌。形容词。"然仓皇中不可落于敌人之手以死。"

96. 皇：通"惶"；恐惧，惊慌。形容词。"赢得仓皇北顾。"

97. 皇：通"惶"；恐惧，惊慌。形容词。"仓皇东出，未及见贼而士卒离散；"

98. 皇：同"凰"传说中的雌凤。名词。"驾鸟凤皇，日以远兮。"

99. 恍：同"恍"恍然，猛然醒来的样子。"恍惊起而长嗟。"

100. 麾：同"挥"；指挥。动词。"麾众拥豪民马前，"

101. 惠：同"慧"；聪明。形容词。"甚矣，汝之不惠。"

102. 惛：通"昏"；昏乱糊涂。形容词。"吾惛，不能进于是矣。"

103. 混：同"浑"水不清，污浊，形容词。"举世混浊，何不随其流而扬其波？"

104. 溷：同"混"、"浑"混浊。形容词。"世溷浊而莫余知兮。"

105. 溷：同"混"、"浑"；厕所。名词。"中丞匿于溷藩以免。"

106. 火：同"伙"；古代军队的组织，十个为"一火""出门看火伴"。

107. 火：同"伙"；一伙。数量词。古代军队"瞎王留引定火乔男女，"

108. 疾：同"嫉"；嫉妒，憎恨。动词。"君子疾夫舍曰欲之而必为之辞

109. 疾：同"嫉"；嫉妒，憎恨。"庞涓恐其贤于己，疾之"

110. 棘：同"戟"；兵器。名词。"鉏櫌棘矜，非铦于钩戟长铩也。"

111. 籍：通"藉"；垫。动词。"籍柔覆温之躯。"

112. 纪：通"记"；记载。动词。"又或有纪载而语焉不详，"

113. 贾：通"价"；钱。名词。"如有营，予佐尔贾。"

114. 简：同"拣"选，择。动词。"宏麌慈九德，简能而任之。"

115. 简：同"拣"；挑选，选拔。动词。"是以先帝简拔以遗陛下。"

116. 简：同"拣"；挑选。动词。"盖简桃核修狭者为之。"

117. 见：同"现"暴露，露出来。动词。"图穷而匕首见。"

118. 见：同"现"呈现，露出来。"信义安所见乎？"

119. 见：同"现"呈现，露出来。动词。"何时眼前突兀见此屋，"

120. 见：同"现"：出现。动词。"路转溪头忽见。"

121. 见：同"现"；呈现，露出来。动词。"风吹草低见牛羊。"

122. 见：同"现"；呈现，露出来。动词。"才美不外见。"

123. 见：同"现"；出现，露出来。动词。"譬若锥之处囊中，其末立见。

124. 见：同"现"；现在。副词。"明标着册历，见放着文书!"

125. 彊：同"强"；强大。形容词。"彊本而节用，则天不能贫;"

126. 疆：通"强"；强壮。形容词。"始以疆壮出，及还，须发尽白。"

127. 介：同"芥"；小草。名词。"无纠介之祸者，冯谖之计也。"

128. 缙：通"搢"；插。动词。"缙绅、大夫、士萃于左丞相府，莫知计所出。"

129. 菁：通"精"；精华，糟碎。形容词。"吾党菁华，付之一炬。"

130. 景：同"影"；影子。名词。"天下云集响应，赢粮而景从。"

131. 迴：同"回"；辣转。动词。"迴忆后街之屋。"

132. 鸠：同"纠"；集合。动词。"豪民于闻难，鸠宗族僮奴百许人。"

133. 沮：通"阻"阻止，阻挡。动词。"帝屡欲召用瑞，执政阴沮之。"

134. 句：同"勾"；勾取。动词。"虽小数，然必句性情，习方俗。

135. 具：通"俱"；全，都，引申为详细。副词。"此人一一为具言所闻。"

136. 具：通"俱"；全，都，引申为详细。副词。"愿伯具言臣之不敢倍德也。"

137. 具：通"俱"；全，皆。副词。"政通人和，百废具兴。"

138. 具：同"俱"都，全，副词。"具告所以欲死秦军状"。

139. 距：同"拒"；抗拒。动问。"或走，或闭门旅距。。

140. 距：同"拒"；把守。动词。"距关，毋内诸侯。"

141. 决：通"诀"诀别，离别。动词。"今太子迟之，请辞决矣！"

142. 决：通"诀"；离别。动词。"辞决而行"。

143. 掘：同"倔"，顽强，固执。形容词。"掘强沙塞之间"。

144. 抗：通"亢"；高。形容词。"引商刻羽，抗坠疾徐，并称善也。"

145. 亏：同"诡"差异，不适应。动词"其时已与先王之法亏矣。"

146. 雷：通"擂"；敲击。动词。"擂鼓大震，北军大坏。"

147. 儽：通"累"；堆蠹，积累。动词。"即今之儽然在墓者也。"

148. 累：通"缧"；捆绑犯人的大绳子例句中作。捆绑。讲，与"臣"一起指。俘虏。""君之惠，不以累臣衅鼓。"

149. 累累：通"垒垒"；形容坟墓一个连着一个的样子。形容

词。"遥望是君家，松柏冢累累。"

150. 离：通"罹"；遭遇。动词。"'离骚'者，犹离忧也。

151. 栗：同"慄"；发抖。动词。"栗深林兮惊层巅。"

152. 帘：同"奁"女子梳妆用的镜匣。"名箱帘六七十，绿碧青丝绳。"

153. 列：通"裂"；分裂。动词。"列缺霹雳，丘峦崩摧。"

154. 脟：同"脔"切成块状的肉。名词。切成块状的肉。名词。

155. 凛凛：通"懔懔"；危惧的样子。形容"而直为此凛凛也。"

156. 陵：通"凌"；凌侮。动词。"陵压百姓而邀其上者。"

157. 流离：同"淋漓"；霑湿的样子。形容词。"两股间脓血流离。"

158. 陇：同"垄"；高地。名词。"冀之南，汉之阴，无陇断焉"。

159. 录：同"碌"；平凡，平庸。形容词。"公等录录，所谓因人成事者也。"

160. 戮：通"勠"并力，尽力。动词。"臣与将军戮力而攻秦。"

161. 臝：同"裸"；裸体。名词。"接舆髡首兮，桑扈臝行。"

162. 茆：同"茅"；茅草。名词。"覆之以茆。"

163. 没：同"殁"；死。动词。"孝公既没，惠文、武、昭襄蒙故业"

164. 每：同"们"；词尾，表人的复数。"这都是官吏每无心正当。"

165. 氓：同"甿"耕田的人。名词。"然陈涉瓮牖绳枢之子，眍隶之人。"

166. 俛：同"俯"；低头，表示服从。动词。"百越之君，俛首系颈，委命下吏。"

167. 缪：同"穆"温和，恭敬。例句中为姓。"秦自缪公以来二十余君，未尝有坚明约束者也"

168. 陌：通"百"；量词。"烧不了的纸钱，与窦娥烧一陌儿。"

169. 莫：同"暮"；日落的时候，晚上。名词。"至莫夜月明，独与迈乘小舟，至绝壁下。"

170. 莫：同"暮"；日落时，引申为"末"。"莫春者，春服既成，"

171. 晦：同"亩"土地面积单位。量词。"末技游食之民，转而缘南晦"

172. 内：同"纳"接纳，接受。动词。"然后命使内之，则又再拜。"

173. 内：同"纳"接纳。动词。"距关，毋内诸侯。"

174. 内：同"纳"，放人。动词。"公受珠，内所著披袄中，纫之。"

175. 那：同"挪"；抽。动词。"过几时，那工夫来望恩人。"

176. 呐：同"讷"；说话迟钝或口吃，的句中的"只听得差拨口里。

177. 孽：同"孽"；灾害，罪恶。名词。"况伪孽昏狡，自相夷戮。"

180. 女：同"汝"；人称代词。"三岁贯女，莫我肯顾。"

181. 殴：通"驱"驱逐。动词。"今殴民而归之农。"

182. 畔：通"叛"；背叛，离开。动词。"寡助之至，亲戚

畔之。"

183. 畔：同"叛"；背叛。动词。"不顾恩义，畔主背亲。"

184. 旁：通"傍"依附。接近。动词。"吾灵尚依旁汝也。"

185. 矉：同"颦"；皱眉头。动词。"西施病心而矉其里。

186. 齐：同"剂"；量词，例句中为名词。"在肠胃，火齐之所及也。"

187. 蕲：同"祈"；求。动词。"蕲胜于人而取于人邪？"

188. 契：同"锲"；刻，动词。"剑自舟中坠于水，遽契其舟。"

189. 褓：同"褓"；婴儿的被子，如现在的包袱。名词。"则人物归亡，褓至而辐凑。"

190. 蹢：同"嫡"；一说是肛门。名词。牛羊蹄蹢各以千计。"

191. 禽：通"擒"捕捉。动词。"将军禽操，宜在今日。"

192. 禽：通"擒"；捕捉。动词。"阴知奸党名姓，一时收禽。

193 诎：同"屈"；弯曲。动词。"诎右臂支船。"

194. 取：通"娶"；把女子接过来成亲。动词。"今若遣此妇，终老不复取。"

195. 去：同"弆"；藏。动词。"掘野鼠去草实而食之。"

196. 却：同"却"，退。"大军却，离城三里止营。"

197. 郤：同"隙"；空隙。名词。"依乎天理，批大郤"

198. 阙：通"缺"；缺点。名词。"必能裨补阙漏"

199. 輮：通"揉"；使……弯曲。动词。"木直中绳，輮以为轮。"

200. 篛：同"箬"，箬竹。名词。"中轩敞者为舱，篛篷覆之。"

201. 善：通"缮"；修治，拭擦。动词。"为之踌躇满志；而藏之。"

202. 沈：同"沉"；程度深。副词。"沈醉不知归路。"

203. 沈：同"沉"；形容暮霭的程度深。形念去去千里烟波，暮沈沈楚天阔。"

204. 生：同"性"资质，禀赋。名词。"君子生非异也，善假于物也。"

205. 声：通"伸"；陈述，说明。动词。"吾社之行为士先者，为之声义。"

206. 识：通"志"，标志，记号。名词"出珠授之，封识宛然。"

207. 识：通"志"；记住。动词。"因笑谓迈曰：'汝识之乎'？"

208. 识：通"志"；记住。动词。"默而识之，学而不厌。"

209. 食：同"饲"；喂。动词。"食马者不知其能千里而食也"。

210. 矢：同"屎"；粪便。名词。"然与"

211. 式：通"拭"；古代车厢前用作扶手的横木。名词兵车不式。

212. 逝：通"誓"；发誓。动词。"逝将去女，适彼乐土。"

213. 受：同"授"给，与。动词。"师者，所以传道受业解惑也。"

214. 孰：同"熟"；煮熟了的。形容词。"宰夫顾熊蹯不孰，杀之。"

215. 孰：同"熟"；仔细。形容词。"唯大王与群臣孰计议之。"

216. 说：同"说高兴，愉快。形容词。"秦王必说见臣，臣乃

得有以报太子。

217. 说：同"悦；高兴。形容词。"王说，曰：'诗云：他人有心，予忖度'之。"

218. 说：同"悦"；愉快。高兴。形容词。"而民说之。"

219. 说：同"悦"；愉快。形容词。"秦王不说。"

220. 竦：同"耸"；高。形容词。"水何澹澹，山岛竦峙。"

221. 太：通"大"；大部分。形容词。"死者太半。"

222. 汤：同"烫"：用热水焐。动词。"疾在腠理，汤熨之所及也。"

223. 田：同"畋"；打猎。动词。"今王田猎于此。"

224. 帖：同"贴"；用标签标出。动词。"不用，则以纸帖之。"

225. 帖：同"贴"；粘附。动词。"对镜帖花黄。"

226. 庭：同"廷"；国君听政的朝堂。名词。"使臣奉璧拜送书于庭。"

227. 涂：同"途"，道路。名词。"失迷涂知返，往哲是与"

228. 涂：同"途"；道路。名词。道路。名词。

229. 土：同"仕"作官。动词。"重争土豪，非下也，权重也。"

230. 橐：通"托"；托付，委托。动词。"重争士橐，非下也，权重也。

231. 顽：同"玩"；开玩笑。动词。"我又不同你顽。"

232. 亡：同"无"；不，副词"日知其所亡以就懿德。"

233. 亡：同"无"；不。副词。"亡何国变，宁南死。"

234. 亡：同"无"；没有。副词。"且陛下春秋高，法令亡常"

青少年应该知道的语文知识

235. 亡：同"无"，没有。副词。"空自苦亡人之地。"

236. 亡：同"无"；不。副词。"河曲智叟亡以应。"

237. 亡：同"无"；没有。副词。"生之有时而用之亡度。"

238. 罔：同"网"；罗网。名词。例句中作动词，即张开罗网掳捉。"及陷于罪，然后从而刑之，是罔民也。"

239. 惟：通"唯"；应答声。象声词。"伏惟启阿母，今若道此妇，终老不复取！"

240. 惟：通"唯"；只，只有。副词。"惟先生乐游。"

241. 惟：通"唯"；只，只有。副词。"故惟日日呼酒买醉。"

242. 惟：通"唯"；只，只有。副词。"惟陈言之务去。"

243. 惟：通"唯"；只，只有。副词。"无恒产而有恒心者，惟士为能"

244. 惟：通"唯"；只，只有。副词。"惟觉时之枕席，失向来之烟霞。"

245. 文：同"纹"纹理。名词。"其中多斑文小鱼。"

246. 文：同"纹"；纹路，纹理。名词。"乀以木为之者，文理有疏密。"

247. 无：通"毋"；不要。副词。"孟尝君使人给其食用，无使乏。"

248. 希：同"稀"稀疏，少，罕见。形容词。有志乎古者希矣。"

249. 希：同"稀"；稀少。形容词。"鼓瑟希，铿尔。"

250. 熙：同"嬉"；欢乐，快乐。形容词。"其余则熙熙而乐。"

251. 郤：同"隙"；隔阂，嫌怨。名词。"令将军与臣有郤。"

252. 孅：通"纤"；精细。形容词。"古之治天下，至孅至

悉也。"

253. 县：同"悬"挂着。动词。"胡瞻尔庭有县貆兮？"

254. 县：同"悬"；挂，动词。县明太祖御容明伦堂，率众拜且哭。

255. 乡：同"向"对着、朝着。　"以至晋鄙军之日北乡自刭。"

256. 乡：同"向"；对着，朝着。介词。"秦伯素服郊次，乡师而哭。"

257. 飨：同"享"；受。动词。"飨德怀恩，词不悉心。"

258. 向：通"响"；响声。名词。"砉然向然，奏刀騞然。"

259. 邪：同"耶"；呢，吗，疑问语气助词。"赵王岂以一璧之故欺秦邪？"

260. 邪：同"耶"；吗。疑问语气词。"其真无马邪？"

三、多义词

1. 绝

A. 断绝　如《伯乐荐九方皋》："若此者绝尘弥辙。"

B. 横渡　如《荀子·劝学》：　"假舟楫者，非能水也，而绝江河。"

C. 到了极点　如《口技》："以为妙绝。"

2. 亡

A. 逃亡　如《陈涉世家》："今亡亦死，举大计亦死。"

B. 丢失 如《战国策·楚策四》："亡羊而补牢，未为迟也。"

C. 死亡 如《中山狼传》："馁不得食，亦必终亡而矣。"

D. 灭亡 如《生于忧患，死于安乐》："人则无法家拂土，出则无敌国外患者，国恒亡。"

E. 通"无"，没有 如《愚公移山》："河曲智叟亡以应。"

3. 见

A. 看见 如《晋灵公不均》："赵盾、士季见其手。"

B. 召见（上级见下级）如《伯乐荐九方皋》："穆公见之，使行求马。"

C. 拜见（下级见上级）如《曹刿论战》："公将战，曹刿请见。"

D. 通"现"，显现，露出来 如《敕勒歌》："风吹草低见牛羊。"

4. 为

A. 当作 如《公输》："子墨子解带为城。"

B. 为了 如《公输》中"公输班为我为云梯之械"的第一个"为"。

C. 制造 如上句中的第二个"为"。

D. 做 如《我所欲也》中"今为宫室之美为之"的第二个"为"。

E. 被 如《西湖游记》中："梅花为寒所勒。"

5. 故

A. 所以 如《曹刿论战》："故克之。"

B. 原因、缘故 如《曹刿论战》："公问其故。"

C. 特意、故意如《扁鹊见蔡桓公》："桓侯故使人问之。"

6. 或

A. 或许 如《岳阳楼记》："或异二者之为。"

B. 有人 如《陈涉世家》："或以为死，或以为亡。"

C. 有时 如《岳阳楼记》："而或长烟一空。"

7. 之

A. 代词，他（她、它）如《捕蛇者说》："然得而腊之以为饵。"

B. 结构助词，的 如《扁鹊见蔡桓公》："君之病在肌肤。"

C. 助词，用在主谓之间，取消句子的独立性，不译 如《扁鹊见蔡桓公》："医之好治不病以为功。"

D. 动词，去、到 如《陈涉世家》："辍耕之垄上。"

8. 然

A. 这样 如《黄生借书说》："非独书为然，天下物皆然。"

B. 是的、对的 如《陈涉世家》："吴广以为然。"

C. 然而，可是 如《黄生借书说》："然天子读书者有几？"

D. 用在形容词后，可译为"……的样子" 如《桃花源记》："黄发垂髫并怡然自乐。"

9. 以

A. 因为 如《岳阳楼记》："不以物喜，不以己悲。"

B. 凭、靠 如《愚公移山》："以君之力，曾不能损魁父之丘。"

C. 把 如《捕蛇者说》："然得而腊之以为饵。"

D. 用 如《陈涉世家》："为坛而盟，祭以尉首。"

E. 来 如《出师表》："以光先帝遗德。"

F. 按照 如《马说》："策之不以其道。"

10. 于

A. 在 如《醉翁亭记》："负者歌于途。"

B. 向 如《孙膑传》："请救于齐。"

C. 比 如《捕蛇者说》："苛政猛于虎。"

其诗以养父母、收族为意【内容】

宾客意少舒，稍稍正坐。【心情】

久之，目似瞑，意暇甚。【神情】

意将隧入以攻其后也。【企图、想要】

每有会意，便欣然忘食。【意思】

鸣之而不能通其意【意思】

略无慕艳意【意思】

醉翁之意不在酒，在乎山水之间也。【情趣】

绝：

微笑，默叹，以为妙绝。【极点，独一无二】

奇山异水，天下独绝。【极点，独一无二】

忽然抚尺一下，众响毕绝【消失】

空谷传响，哀转久绝【消失】

湖中人鸟声俱绝【消失】

率妻子邑人，来此绝境【与世隔绝】

佛印绝类弥勒，袒胸露乳【极】

蝉则千转不穷，猿则百叫无绝。【断绝】

至于夏水襄陵，沿溯阻绝【断绝】

虽杀臣，不能绝也【断绝】

名：

人有百口，口有百舌，不能名其一处也。【说出】

即书诗四句，并自为其名【名字】

南方有鸟，其名为鹓鶵【名字】

山不在高，有仙则名【出名】

又患无硕师名人与游【有名望的】

名之者谁？太守自谓也。【命名】

会：

会宾客大宴【适逢，恰巧遇到】

会天大雨，道不通【适逢，恰巧遇到】

每有会意，便欣然忘食。【领会】

豪杰与皆来会计事【聚会】

迁客骚人，多会于此。【聚会】

之：

（一）可以代人、代物、代事。代人多是第三人称。译为"他"（他们）、"它"（它们）。作宾语或兼语，不作主语。例：

媪之送燕后也，持其踵为之泣。（本义项指后一个"之"：她，指燕后。）

（二）结构助词，定语的标志。用在定语和中心语（名词）之间，可译为"的"，有的可不译例：

近塞之人，死者十九。

人又谁能以身之察察，受物之汶汶者乎！

（三）作动词：往，到……去。例：

辍耕之垄上，

于是弃其家走之关中。

（四）的。例：

曾不能损父之丘，如太行王屋何？

郯子之，其贤不及孔子。

（五）结构助词，宾语前置的标志。用在被提前的宾语之后，动词谓语或介词之前，译时应省去。如：

何陋之有？

何功之有哉？

（六）我。例：

君将哀而生之乎？

以是知公子恨之复返也。

（七）音节助词。用在形容词、副词或某些动词的末尾，或用在三个字之间，使之凑成四个字，只起调整音节的作用，无义，译时应省去，如：

怅恨久之。

毛先生以三寸之舌，强于百万之师、

（八）结构助词。当主谓短语在句中作为主语、宾语或一个分句时，"之"用在主语和谓语之间，起取消句子独立性的作用，可不译。译时也可省去。同时可说成取独，如：

孤之有孔明，犹鱼之有水也。

无丝竹之乱耳、

（九）向。例：

然后驱而之善。

（十）结构助词，补语的标志。用在中心语（动词、形容词）和补语之间，可译为"得"。如：

古人之观于天地、山川、草木、鸟兽，往往有得，以其求思之深而无不在也。

（十一）通"也"义

《墨子·大取》："圣人也，为天下也。"前句也字作"之"义。

以：

1. 因为，由于：例：

（1）此独以跛之故，父子相保。

（2）臣是以无请也。

2. 而。例：

（1）有好事者船以入。

（2）卷石底以出。

3. 把，拿，用。例：

（1）以钱覆其口。

（2）屠惧，投以骨。

4. 以为，认为。例：

（1）我以日始出时去人近。

（2）臣以王之攻宋也，为与此同类。

5. 凭，靠。例：

（1）以我酌油知之。

（2）以君之力，曾不能损魁父之丘。

6. 按照，依照。例：

（1）策之不以其道。

（2）今以实校之。

7. 根据。例：

（1）今以蒋氏观之，犹信。（以：一说拿。）

（2）贵以近知远。

8. 通"已"，已经。例：

（1）固以怪之矣。

（2）日以尽矣。

9. 作语助，表示时间、方位和范围。例：

（1）受命以来，夙夜忧叹。（以：表时间）

（2）指从此以往十五都予赵。（以：方位）

矣：

1. 直陈语气，相当于"了"：由来久～。法已定～。

2.〈表〉感叹：太难～！

3.〈表〉命令或请求：先生休～。君无疑～。

通"也"

《国语·晋语八》："且夫栾氏之诬晋国久也。"《别本》作："……诬晋国者久矣。"根据文势语气，"也"字应作"矣"解。

而：

（1）表示转折关系，相当于"然而"、"可是"、"却"。例：

①其家甚智其子，而疑邻人之父

②人不知而不愠，不亦君子乎？

（2）表示偏正关系，连接状语和中心词，相当于"着"、"地"等，或不译。例：

①一丝而累，以至于寸。

②哗然而骇者，虽鸡狗不得宁焉。

（3）表示假设关系，连接主语和谓语，相当于"如果"、"假使"。例：

①人而无信，不知其也。

②诸君而有意，瞻予马首可也。

（4）表示并列，相当于"而且"、"又"、"和"或不译。例：

①敏而好学，不耻下问。

②永州之野产异蛇，黑质而白章。

（5）表示承递关系，相当于"而且"、"并且"、"就"或不译。例：

①择其善者而从之，其不善者而改之。

②余闻而愈悲。

（7）通"尔"，你，你的。例：

①而翁归。

②若欲死而父。

夫：

（1）用于句首，有提示作用

夫秦有虎狼之心。——《史记·项羽本纪》

夫六国与秦皆诸侯，其势弱于秦。——宋·苏洵《六国论》

夫战，勇气也

（2）用于句中，舒缓语气

乃歌夫"长铗归来"者也。——《战国策·齐策》

（3）用于句尾名，表示感叹

孟子曰："术不可不慎。"信夫！——清·方苞《狱中杂记》

悲夫！有如此之势，而为秦人积威之所劫。——宋·苏洵《六国论》

（一）宾语前置

1. 否定句中代词宾语前置

这类宾语前置，要具备两个条件：一是宾语必须是代词；二是必须是否定句，由"不"、"未"、"毋"、"莫"等否定词表示。在这种情况下，代词宾语要放在动词之前和否定词之后。例如：

《硕鼠》："三岁贯汝，莫我肯顾。""莫我肯顾"应理解成"莫肯顾我"。

忌不自信《邹忌讽齐王纳谏》战国策

然而不王者，未之有也。《寡人之于国也》〈孟子〉

句读之不知，惑之不解，或师焉，或不（否）焉。（之，宾语提前的标志）《师说》

古之人不余欺也！《石钟山记》〈苏轼〉

不吾知其亦已兮，苟（只要）余情其信芳（美好）。《离骚》〈屈原〉

东望愁泣，若不自胜。《柳毅传》〈李朝威〉

见大王爱女牧羊于野，所（代词，"之人"）不忍视。《柳毅传》李朝威）

是以后世无传焉，臣未之闻也。《齐桓晋文之事》〈孟子〉

保民而王，莫之能御也。《齐桓晋文之事》〈孟子〉

而良人未之知也。《齐人有一妻一妾》〈孟子〉

2. 疑问句中代词宾语前置

文言文中用疑问代词"谁"、"何"、"奚"、"安"等做宾语时往往放在动词的前面。

例如：《鸿门宴》："良问曰：'大王来何操?'""何操"应理解为"操何"

吾孰与徐公美?《邹忌讽齐王纳谏》〈战国策〉

以五十步笑百步，则何如?《寡人之于国也》〈孟子〉

彼且奚适也?《逍遥游》〈庄子〉

彼且恶（何）乎待哉？《逍遥游》〈庄子〉

沛公安在？《鸿门宴》〈史记〉

夫晋，何厌之有？（之，宾语提前的标志）《烛之武退秦师》〈左传〉

吾实为之，其又何尤（怨）？《祭十二郎文》韩愈

洞庭君安在哉？《柳毅传》李朝威

无情郎安在？《柳毅传》李朝威

3. 介词宾语提前：在现代汉语中，介词后面跟着宾语，组成介宾结构，用来修饰动词谓语。在文言文中，介词宾语往往置与介词之前，形成一种倒置的现象。例如：

《岳阳楼记》："噫！微斯人吾谁与归？""谁与归"应理解为"与谁归"。

一旦山陵崩，长安君何以自托于赵？《触龙说赵太后》〈战国策〉

不为者与不能者之形（情形），何以异？《齐桓晋文之事》〈孟子〉

吾王庶几无疾病与，何以能鼓乐也？何以能田（畋）猎也？《庄暴见孟子》〈孟子〉

不然，籍何以至此？《鸿门宴》〈史记〉

余是以记之。《石钟山记》苏轼

将子无怒，秋以为期。《卫风 &#8226；氓》〈诗经〉

是以区区不能废远。《陈情表》李密

是以君子远庖厨也。《齐桓晋文之事》〈孟子〉

奚以知其然也？《逍遥游》〈庄子〉

4. 特殊结构：用"之"、"是"将宾语提前。

前世不同教，何古之法？（效法哪一个古代）

宋何罪之有？（宋国有什么罪过？）

惟命是听（成语）

惟利是图（成语）

惟马首是瞻《冯婉贞》

惟兄嫂是依《祭十二郎文》韩愈

惟你是问。

5. 普通宾语前置

在一般性的宾语前置中，大家要注意语感。

宾语前置总结

文言文中，动词或介词的宾语，一般置于动词或介词之后，但在一定条件下，宾语会前置，其条件是：

第一、疑问句中，疑问代词作宾语，宾语前置。这类句子，介词的宾语也是前置的。如："沛公安在?"（《史记.项羽本记》）这种类型的句子关键是作宾语的疑问代词（像：谁、何、奚、曷、胡、恶、安、焉等）。值得注意的是，介词"以"的宾语比较活跃，即使不是疑问代词，也可以前置。如："余是以记之，以俟观人风者得焉。"（柳宗元《捕蛇者说》）其中的"是"是一般代词，但也前置了。

第二、文言否定句中，代词作宾语，宾语前置。这类句子有两点要注意，一是否定句（一般句中必须有"不"、"未""毋"、"无"、"莫"等否定词）；二是代词作宾语。如："时人莫之许也。"（陈寿《三国志.诸葛亮传》）正常语序应该是"时人莫许之也。"

第三、用"之"或"是"把宾语提前取动词前，以突出强调宾语。这时的"之"只是宾语前置的标志，没有什么实在意义。

如："句读之不知，惑之不解。"（韩愈《师说》）有时，还可以在前置的宾语前加上一个范围副词"唯"，构成"……是……"的格式。如："唯利是图"、"唯命是从"等。

第四、介词宾语前置的情况除了第一种情况外，还有一种情况，就是方位词、时间词作宾语时，有时也前置；例如："业文南向坐。"（《史记·项羽本记》）意思是"业文面向南坐。"

第五课时

教学内容：倒装句——定语后置；状语后置

教学目标：让学生能够判定什么是定语后置、状语后置句子，并能准确翻译出来。

教学实施过程：

（二）定语后置：

在古汉语中将定语移置在中心词之后的现象。定语后置一般有三种情况：

（1）中心词 + 定语 + 者或中心词 + 之 + 定语 + 者

楚人有涉江者。（《察今》）

石之铿然有声者，所在皆是也。（《石钟山记》）

大阉之乱，缙绅而能不易其志者，四海之大，有几人欤？《五人墓碑记》张溥

遂率子孙荷担者三夫。《愚公移山》〈列子〉

（2）中心词 + 之 + 形容词（定语）

蚓无爪牙之利，筋骨之强，上食埃土，下饮黄泉，用心一也。（《劝学》）

带长铗之陆离兮，冠切云之崔嵬。（《涉江》）

四海之大，有几人欤？

（3）中心词＋数量词（定语）

马之千里者，一食或尽粟一石。（《马说》）

我持白璧一双，欲献项王；玉斗一双，欲与亚父。（《鸿门宴》）

（三）状语后置：

现代汉语中状语置于谓语之前，若置于位于之后便是补语。但在文言文中，处于补语的成分往往要以状语来理解。例如：

《鸿门宴》："将军战河北，臣战河南。""战河南"即"战（于）河南"，应理解为"于河南战"。《促织》："覆之以掌"即"以掌覆之"应理解为"用手掌覆盖（蟋蟀）"。

另外，还有定语置于中心词之后，修饰名词的量词放在名词之后等特殊现象。

五亩之宅，树之以桑，五十者可以衣帛矣《寡人之于国也》〈孟子〉

谨庠序之教，申之以孝悌之义，颁白者可以不负戴于道路也《寡人之于国也》〈孟子〉

举所佩玉玦以示之者三。《鸿门宴》〈史记〉

若亡郑而有益于君，敢以烦执事。《烛之武退秦师》〈左传〉

虽董之以严刑，振（震）之以威怒《谏太宗十思疏》〈魏征〉

孰与君少长？——与君孰少长？《鸿门宴》〈史记〉

青，取之于蓝，而青于蓝。《劝学》〈荀子〉

君子博学而日参省乎己。《劝学》〈荀子〉

生乎吾前，其闻道也固先乎吾，吾从而师之。《师说》〈韩愈〉

为坛而盟，祭以尉首。《陈涉世家》〈史记〉

静女其姝，俟我于城隅。《邶风 &#8226；静女》〈诗经〉

况吾与子渔樵于江渚之上。《赤壁赋》〈苏轼〉

相与枕藉乎舟中，不知东方之既白。《赤壁赋》〈苏轼〉

柱以白壁，砌以青玉，床以珊瑚，帘以水晶。《柳毅传》李朝威

命坐于灵虚之下。《柳毅传》〈李朝威〉

四、固定句式

吾孰与徐公美？——孰与，与…比怎么样《邹忌讽齐王纳谏》〈战国策〉

日食饮得无衰乎？——得无，该不会，表揣测的疑问词《触龙说赵太后》〈战国策〉

反复自念，得无教我猎虫所耶？——得无，该不会，表揣测的疑问词《促织》蒲松龄

求，无乃尔是过与（同"欤"，语气词）——无乃…与？恐怕…吧

《季氏将伐颛臾》〈论语〉

是社稷之臣也，何以伐为？——何（以）…为，表反问的句式，为什么要…呢

《季氏将伐颛臾》〈论语〉

故不积跬步，无以致千里；不积小流，无以致江海。——无以，没有用来…的（办法）

《劝学》〈荀子〉

奚以之九万里而南为？——奚以…为，哪里用得着…呢，表

反问《逍遥游》〈庄子〉

山峦为晴雪所洗。——为…所…，表示被动关系《谏太宗十思疏》魏征（课后题）

今日见辱问于长者。——见…于…，表被动的固定格式《柳毅传》李朝威

"他人之心，予忖度之。"——夫子之谓也。

闻道百，以为莫己若者，我之谓也。（《庄子 &#8226；秋水》）

——…之谓也，…说的就是…《齐桓晋文之事》〈孟子〉

不亦……乎相当于"不是……吗"

以为、以……为……意思是以为、认为、把……当作、用……做……。例如：

而陋者乃以斧斤考击而求之，自以为得其实。（《石钟山记》）

至丹以荆轲为计，始速祸焉。（《六国论》）

如……何相当于"对……该怎么办"

唯……是"是"无意，起宾语提前作用；"唯"表示对象的唯一性

岂……哉（乎）、独……哉意思是难道……吗例如：

赵岂敢留璧而得罪于大王乎？

王侯将相宁有种乎！（《陈涉世家》）与其……孰若……、与其……宁……可译为与其……不如（宁可）……

与其坐而待亡，孰若起而拯之。（《鸿门宴》）

与人刃我，宁自刃。（《鲁仲连传》）

与其……宁……相当于"与其……宁可……"

（1）"如……何"、"奈……何"、"若……何"。这是三个同义的说法。意思是"把……怎么样"、"对……怎么办"或"怎么对付（处置、安顿）……"。例如：

如太行、王屋何？（如何处理太行、王屋这两座大山呢？）

奈并累若属何？（把你们一起连累了可怎么办呢？）

虞兮虞兮奈若何？（虞啊虞啊我拿你怎么办呢？）

（2）"……孰与……"、"……何如……"。这两种说法都是询问比较的结果，用法相同。

公之视廉将军孰与秦王？（你们看廉将军和秦王相比，谁更厉害？）

吾孰与城北徐公美？（我和城北徐公相比，谁更美？）

汝意谓长安何如日远？（长安和太阳相比，哪一个离得更远？）

"孰与"、"何如"还可以用来询问利害得失，或表示抉择取舍。

救赵孰与勿救？（救赵与不救赵哪个有利？）

惟坐待亡，孰与伐之？（与其坐而待毙，哪如起而进攻他们？）

岭南梅开早，何如北地春？

与"孰与"、"何如"这种用法相同的还有"孰若"、"孰如"、"何若"等。

（3）"不亦……乎？"可译为："不……吗？"，"难道不……吗？"

学而时习之，不亦乐乎？

有过不罪，无功受赏，虽亡，不亦可乎？

（4）"何（奚、曷）以（用）……为""何以为""何……为"。这是三个同义的说法，可译为"哪里用得着……呢？"、"还要……干什么呢？"

吾有车而使人不敢借，何以车为？

世方乱，安以富为？

上岸击贼，洗足入船，何用坞为？

胜自磨剑，人问曰："何以为？"（磨剑干什么呢？）

如今人方为刀俎，我为鱼肉，何辞为？

吾英王，奚跪为？（我是英王，为什么要给你下跪呢？）

（5）"何……之为"。这个格式的意思是"还算得上……"、"还谈得上什么……"、"还说什么……"。

秦不哀吾丧而伐吾同姓，秦则无礼，何施之为？（还谈得上什么恩惠呢？）

国仇未报，何以家为？

何以名为？臣夫桑下之饿人也？

（6）"得无"、"无乃"。"得无"又写作"得毋"、"得微"、"得非"等，意思是"该不会"、"莫不是"、"只怕是"、"岂不是"、"莫非"等。

得无教我猎虫所耶？

日饮食得无衰乎？

得毋有病乎？

"无乃"又写作"毋乃"、"非乃"、"不乃"，意思是"岂不是"、"莫非是"、"恐怕要"等。

求，无乃尔是过欤？（恐怕要责备你吧？）

师劳力竭，远主备之，无乃不可乎？（恐怕不可以吧？）

今君王既栖于会稽之上，然后乃求谋臣，无乃后乎？（岂不是晚了点吗？）

固定句式总结

固定格式也叫固定结构，或者凝固结构。它的语法特点就是由一些不同词性的词凝结在一起，固定成为一种句法格式，表达一种新的语法意义，世代沿用，约定俗成，经久不变。它的分类可按表达语气的种类分为四种：

　　第一种：表陈述语气常用的有：有以（有……用来）、无以（没有……用来）、有所（有……的）、无所（没有……的）、比及（等到……的时候）、为……所。

　　第二种：表疑问语气常用的有：奈何（怎么办）、何如（怎么样）、如……休（把……怎么样）、得无……耶（大概……吧、恐怕……吧）等。

　　第三种：表感叹语气常用的有：何其（多么）、一何（何等、多么）、何……之（怎么……这样啊）等。

　　第四种：表反问语气常用的有：无乃……乎（恐怕、只怕）、不亦……乎（不是……吗）、得无……乎（难道……吗）、孰与、孰若（跟……相……）何……为（为什么……呢）

文学常识

中级语文名言警句必背

1. 安不忘危，盛必虑衰。（《汉书》）
2. 不识庐山真面目，只缘身在此山中。
3. 不以物喜，不以己悲。
5. 不畏浮云遮望眼，只缘身在最高层。
6. 笔落惊风雨，诗成泣鬼神。
7. 长风破浪会有时，直挂云帆济沧海。
8. 存者且偷生，死者长已矣。
9. 春色满园关不住，一枝红杏出墙来。
10. 春蚕到死丝方尽，蜡炬成灰泪始干。
11. 尺有所短，寸有所长。
12. 常记溪亭日暮，沉醉不知归路。

13. 出淤泥而不染，濯清涟而不妖。

14. 从善如登，从恶如崩。

16. 差之毫厘，谬以千里。

17. 沉舟侧畔千帆过，病树前头万木春。

18. 此去泉台招旧部，旌旗十万斩阎罗。

19. 但使龙城飞将在，不教胡马度阴山。

20. 但愿人长久，千里共婵娟。

21. 稻花香里说丰年，听取蛙声一片。

22. 读书破万卷，下笔如有神。

23. 得道多助，失道寡助。

24. 东隅已逝，桑隅非晚。

25. 多行不义，必自毙。

26 书读百遍，其义自见。

27. 独学而无友，则孤陋而寡闻。

29. 耳闻不如目见，目见不如足践。

30. 纷纷暮雪下辕门，风掣红旗冻不翻。

31. 非淡泊无以明志，非宁静无以致远。

32. 芳林新叶催陈叶，流水前波让后波。

33. 非学无以广才，非志无以成学。

34. 孤帆远影碧空尽，惟见长江天际流。

35. 工欲善其事，必先利其器。

36. 苟全性命于乱世，不求闻达于诸侯。

37. 管中窥豹，只见一斑。

38. 横眉冷对千夫指，俯首甘为孺子牛。

39. 祸兮福所倚，福兮祸所伏。

40. 海内存知己，天涯若比邻。

41. 忽如一夜春风来，千树万树梨花开。

42. 瀚海阑干百丈冰，愁云惨淡万里凝。

43. 会当凌绝顶，一览众山小。

44. 兼听则明，偏信则暗。

45. 僵卧孤村不自哀，尚思为国戍轮台。

46. 江山代有才人出，各领风骚数百年。

47. 静以修身，俭以养德。

48. 接天莲叶无穷碧，映日荷花别样红。

49. 鞠躬尽瘁，死而后已。

50. 近朱者赤，近墨者黑。

51. 己所不欲，勿施于人。

52. 见善则迁，有过则改。

53. 可怜身上衣正单，心忧炭贱愿天寒。

54. 枯藤老树昏鸦，小桥流水人家。

55. 洛阳亲友如相问，一片冰心在玉壶。

56. 落红不是无情物，化作春泥更护花。

57. 老骥伏枥，志在千里。

58. 路遥知马力，日久见人心。

59. 两岸青山相对出，孤帆一片日边来。

60. 良药苦口利于病，忠言逆耳利于行。

61. 路漫漫其修远兮，吾将上下而求索。

62. 临渊羡鱼，不如退而结网。

63. 烈士暮年，壮心不已。

64. 明月别枝惊鹊，清风半夜鸣蝉。

65. 卖炭得钱何所营，身上衣裳口中食。

66. 木受绳则直，金就砺则利。

67. 南朝四百八十寺，多少楼台烟雨中。

68. 宁为玉碎，不为瓦全。

69. 皮之不存，毛将焉附。

70. 起舞弄清影，何似在人间。

71. 秦时明月汉时关，万里长征人未还。

72. 千里之行，始于足下。

73. 千里莺啼绿映红，水村山郭酒旗风。

74. 穷且益坚，不坠青云之志。

75. 羌笛何须怨杨柳，春风不度玉门关。

76. 劝君更尽一杯酒，西出阳关无故人。

77. 前事不忘，后事之师。

78. 千里送鹅毛，礼轻情意重。

79. 千里之堤，溃于蚁穴。

80. 七八个星天外，两三点雨山前。

81. 前车覆，后车戒。

82. 人无远虑，必有近忧。

83. 人生自古谁无死，留取丹心照汗青。

84. 人有悲欢离合，月有阴晴圆缺。

85. 日出而林霏开，云归而岩穴暝。

86. 日出江花红胜火，春来江水绿如蓝。

87. 人而无信，不知其可。

88. 仁者见仁，智者见智。

89. 山重水复疑无路，柳暗花明又一村。

91. 山回路转不见君，雪上空留马行处。

92. 生于忧患，死于安乐。

93. 书山有路勤为径，学海无涯苦作舟。

94. 随风潜入夜，润物细无声。

95. 山舞银蛇，原驰蜡象。

96. 少小离家老大回，乡音无改鬓毛衰。

97. 朔气传金柝，寒光照铁衣。

98. 失之毫厘，谬以千里。

99. 士别三日，当刮目相看。

100. 谁知盘中餐，粒粒皆辛苦。

101. 有所不为，而后可以有为。

102. 一日暴之，十日寒之。

103. 业精于勤，荒于嬉。

104. 欲穷千里目，更上一层楼。

105. 竹外桃花三两枝，春江水暖鸭先知。

106. 争渡，争渡，惊起一滩鸥鹭。

107. 择其善者而从之，其不善者而改之。

108. 纸上得来终觉浅，绝知此事要躬行。

109. 沾衣欲湿杏花雨，吹面不寒杨柳风。

110. 正是江南好风景，落花时节又逢君。

111. 知彼知己，百战不殆。

112. 醉翁之意不在酒，在乎山水之间也。

113. 知之为知之，不知为不知，是知也。

114. 知而好问，然后能才。

115. 知人者智，自知者明。

116. 朱门酒肉臭，路有冻死骨。

117. 富贵不能淫，贫贱不能移，威武不能屈，此之谓大丈夫。

118. 志士不饮盗泉之水，廉者不受嗟来之食。

119. 狼亦黠矣，而顷刻两毙，禽兽之变诈几何哉？止增笑耳。

120. 黄河远上白云间，一片孤城万仞山。羌笛何须怨杨柳，春风不度玉门关。

121. 离别家乡岁月多，近来人事半消磨。惟有门前镜湖水，春风不改旧时波。

122. 红豆生南国，春来发几枝？愿君多采撷，此物最相思。

123. 莫愁前路无知己，天下谁人不识君。

124. 等闲识得东风面，万紫千红总是春。

125. 枯藤老树昏鸦，小桥流水人家。古道西风瘦马，夕阳西下，断肠人在天涯。

126. 学而时习之，不亦说乎？有朋自远方来，不亦乐乎？人不知而不愠，不亦君子乎！

127. 敏而好学，不耻下问。

128. 三人行，必有我师焉。

129. 于是宾客无不变色离席，奋袖出臂。两股战战，几欲先走。

130. 白发三千丈，缘愁似个长。不知明镜里，何处得秋霜？

131. 本是同根生，相煎何太急！

132. 绿树村边合，青山郭外斜。

133. 慈母手中线，游子身上衣。临行密密缝，意恐迟迟归。谁言寸草心，报得三春晖。

134. 千门万户曈曈日，总把新桃换旧符。

135. 山不在高，有仙则名。水不在深，有龙则灵。斯是陋室，惟吾德馨。

136. 苔痕上阶绿，草色入帘青。

137. 西塞山前白鹭飞，桃花流水鳜鱼肥。青箬笠，绿蓑衣，斜风细雨不须归。

138. 少壮不努力，老大徒伤悲。

139. 粉身碎骨浑不怕，要留清白在人间。

140. 乱花渐欲迷人眼，浅草才能没马蹄。

141. 葡萄美酒夜光杯，欲饮琵琶马上催。醉卧沙场君莫笑，古来征战几人回。

142. 故天将降大任于是人也，必先苦其心志，劳其筋骨，饿其体肤，空乏其身，行拂乱其所为，所以动心忍性，曾益其所不能。

143. 呜呼！孰知赋敛之毒有甚是蛇者乎！故为之说，以俟夫观人风者得焉。

144. 居庙堂之高，则忧其民，处江湖之远则忧其君。

145. 诚宜开张圣听，以光先帝遗德，恢弘志士之气，不宜妄自菲薄，引喻失义，以塞忠谏之路也。

146. 亲贤臣，远小人，此先汉所以兴隆也；亲小人，远贤臣，此后汉所以倾颓也

147. 白日放歌须纵酒，青春作伴好还乡。

148. 旧时王谢堂前燕，飞入寻常百姓家。

149. 寡助之至，亲戚畔之。多助之至，天下顺之。

150. 人恒过，然后能改；困于心，衡于虑，而后作；征于色，发于声，而后喻。

151. 入则无法家拂士，出则无敌国外患者，国恒亡。

152. 落霞与孤鹜齐飞，秋水共长天一色。

153. 忧劳可以兴国，逸豫可以亡身。

154. 松下问童子，言师采药去。只在此山中，云深不知处。

155. 羁鸟恋旧林，池鱼思故渊。久在樊笼里，复得返自然。

156. 人非圣贤，孰能无过？过而能改，善莫大焉。

157. 君子坦荡荡，小人常戚戚。

158. 一张一弛，文武之道。209. 凡事预则立，不预则废。

150. 绳锯木断，水滴石穿。

161. 失之东隅，收之桑榆。

162. 盛名之下，其实难副。

163. 海上升明月，天涯共此时。

164. 大漠孤烟直，长河落日圆。

165. 近乡情更怯，不敢问来人。

166. 清水出芙蓉，天然去雕饰。

167. 天生我材必有用，千金散尽还复来。

168. 露从今夜白，月是故乡明。

169. 东边日出西边雨，道是无晴却有晴。

170. 同是天涯沦落人，相逢何必曾相识。221. 曾经沧海难为水，除却巫山不是云。

171. 海阔凭鱼跃，天高任鸟飞。

172. 溪云初起日沉阁，山雨欲来风满楼。

173. 衣带渐宽终不悔，为伊消得人憔悴。

174. 欲把西湖比西子，淡妆浓抹总相宜。

175. 横看成岭侧成峰，远近高低各不同。

176. 生当作人杰，死亦为鬼雄。

177. 文章本天成，妙手偶得之。

178. 青山遮不住，毕竟东流去。

179. 绿杨烟外晓寒轻，红杏枝头春意闹。

180. 近水楼台先得月，向阳花木易逢春。

181. 墙上芦苇，头重脚轻根底浅；山间竹笋，嘴尖皮厚腹中空。

182. 风声，雨声，读书声，声声入耳；家事，国事，天下事，事事关心。

183. 人逢喜事精神爽，月到中秋分外明。

184. 长江后浪推前浪，一代新人换旧人。

185. 青山依旧在，几度夕阳红。

186. 假作真时真亦假，无为有处有还无。

187. 天若有情天亦老，人间正道是沧桑。

188. 以铜为镜，可以正衣冠；以古为镜，可以见兴替；以人为镜，可以知得失。

189. 老当益壮，宁移白首之心；穷且益坚，不坠青云之志。

190. 前不见古人，后不见来者。念天地之悠悠，独怆然而涕下。

191. 年年岁岁花相似，岁岁年年人不同。

192. 君不见黄河之水天上来，奔流到海不复回。

193. 抽刀断水水更流，举杯销愁愁更愁。

194. 两只黄鹂鸣翠柳，一行白鹭上青天。窗含西岭千秋雪，门泊东吴万里船。

195. 千山鸟飞绝，万径人踪灭。孤舟蓑笠翁，独钓寒江雪。

196. 晴空一鹤排云上，便引诗情到碧霄。

197. 东风不与周郎便，铜雀春深锁二乔。

198. 日暮苍山远，天寒白屋贫。柴门闻犬吠，风雪夜归人。

199. 捐躯赴国难，视死忽如归。

200. 野旷天低树，江清月近人。

201. 春风得意马蹄疾，一日看尽长安花。

202. 既来之，则安之。

203. 众鸟高飞尽，孤云独去闲。相看两不厌，只有敬亭山。

204. 其身正，不令而行；其身不正，虽令不从。

205. 举世皆浊我独清，众人皆醉我独醒。

206. 鸡犬之声相闻，老死不相往来。

207. 宜未雨而绸缪，勿临渴而掘井。

208. 明日复明日，明日何其多，我生待明日，万事成蹉跎。

209. 采菊东篱下，悠然见南山。

210. 旁观者清，当局者迷。

211. 逢山开路，遇水搭桥。

212. 看菜吃饭，量体裁衣。

213. 日啖荔枝三百颗，不辞长作岭南人。

214. 日月之行，若出其中；星汉灿烂，若出其里。

215. 受任于败军之际，奉命于危难之间。

216. 慎终如始，则无败事。

217. 胜人者力，自胜者强。

218. 水则载舟，水则覆舟。

219. 树德务滋，除恶务尽。

220. 身无彩凤双飞翼，心有灵犀一点通。

221. 桃李不言，下自成蹊。

222. 踏破铁鞋无觅处，得来全不费功夫。

223. 天苍苍，野茫茫，风吹草低见牛羊。

224. 天下兴亡，匹夫有责。

225. 前不见古人，后不见来者。

226. 天时不如地利，地利不如人和。

227. 停车坐爱枫林晚，霜叶红于二月花。

228. 天街小雨润如酥，草色遥看近却无。

229. 天网恢恢，疏而不漏。

230. 他山之石，可以攻玉。

231. 谈笑有鸿儒，往来无白丁。

232. 无为在歧路，儿女共沾巾。

233. 温故而知新，可以为师矣。

234. 无可奈何花落去，似曾相识燕归来。

235. 我自横刀向天笑，去留肝胆两昆仑。

236. 无边落木萧萧下，不尽长江滚滚来。

237. 万里赴戎机，关山度若飞。

238. 问渠哪得清如许，为有源头活水来。

239. 我劝天公重抖擞，不拘一格降人才。

240. 万事俱备，只欠东风。

241. 勿以恶小而为之，勿以善小而不为。

242. 吾生也有涯，而知也无涯。

243. 往者不可谏，来者犹可追。

244. 为山九仞，功亏一篑。

245. 亡羊补牢，犹未为晚。

246. 学而不思则罔，思而不学则殆。

247. 夕阳西下，断肠人在天涯。

248. 学，然后知不足；教，然后知困。

249. 衔远山，吞长江。

250. 学而不厌，诲人不倦。

251. 先天下之忧而忧，后天下之乐而乐。

252. 行远必自尔，登高必自卑。

253. 小荷才露尖尖角，早有蜻蜓立上头。

254. 项庄舞剑，意在沛公。

255. 野芳发而幽香，佳木秀而繁阴。

256. 由俭入奢易，由奢入俭难。

257. 言必信，行必果。

258. 夜来城外一尺雪，晓驾炭车辗冰辙。

259. 一水护田将绿绕，两山排闼送青来。

260. 与君离别意，同是宦游人。

261. 玉不琢，不成器；人不学，不知道。

262. 野火烧不尽，春风吹又生。

263. 夜阑卧听风吹雨，铁马冰河入梦来。

264. 玉不琢不成器，人不学不成行。

265. 有所不为，而后可以有为。

266. 一日暴之，十日寒之。

267. 业精于勤，荒于嬉。

268. 欲穷千里目，更上一层楼。

269. 竹外桃花三两枝，春江水暖鸭先知。

270. 争渡，争渡，惊起一滩鸥鹭。

271. 择其善者而从之，其不善者而改之。

272. 纸上得来终觉浅，绝知此事要躬行。

273. 沾衣欲湿杏花雨，吹面不寒杨柳风。

274. 正是江南好风景，落花时节又逢君。

275. 知彼知己，百战不殆。

276. 醉翁之意不在酒，在乎山水之间也。

277. 知之为知之，不知为不知，是知也。

278. 知而好问，然后能才。

279. 知人者智，自知者明。

280. 朱门酒肉臭，路有冻死骨。

281. 富贵不能淫，贫贱不能移，威武不能屈，此之谓大丈夫。

青少年应该知道的语文知识

282. 志士不饮盗泉之水，廉者不受嗟来之食。

283. 狼亦黠矣，而顷刻两毙，禽兽之变诈几何哉？止增笑耳。

284. 黄河远上白云间，一片孤城万仞山。羌笛何须怨杨柳，春风不度玉门关。

285. 离别家乡岁月多，近来人事半消磨。惟有门前镜湖水，春风不改旧时波。

286. 红豆生南国，春来发几枝？愿君多采撷，此物最相思。

287. 莫愁前路无知己，天下谁人不识君。

288. 等闲识得东风面，万紫千红总是春。

289. 枯藤老树昏鸦，小桥流水人家。古道西风瘦马，夕阳西下，断肠人在天涯。

290. 学而时习之，不亦说乎？有朋自远方来，不亦乐乎？人不知而不愠，不亦君子乎！

291. 敏而好学，不耻下问。

292. 三人行，必有我师焉。

293. 于是宾客无不变色离席，奋袖出臂。两股战战，几欲先走。

294. 白发三千丈，缘愁似个长。不知明镜里，何处得秋霜？

295. 本是同根生，相煎何太急！

296. 绿树村边合，青山郭外斜。

297. 慈母手中线，游子身上衣。临行密密缝，意恐迟迟归。谁言寸草心，报得三春晖。

298. 千门万户曈曈日，总把新桃换旧符。

299. 山不在高，有仙则名。水不在深，有龙则灵。斯是陋室，惟吾德馨。

300. 苔痕上阶绿，草色入帘青。

301. 西塞山前白鹭飞，桃花流水鳜鱼肥。青箬笠，绿蓑衣，斜风细雨不须归。

302. 大漠孤烟直，长河落日圆。

303. 尽信书不如无书。

304. 惜秦皇汉武略输文采，唐宗宋祖稍逊风骚，一代天骄成吉思汗，只识弯弓射大雕。

305. 冬天来了，春天还会远吗？

306. 罗马不是一天建成的。

307. 给我一个支点，我可以撬动地球。

308. 条条大路通罗马。

309. 人不能两次踏入同一条河流。

310. 我来，我看，我征服。

311. 人可以被消灭，但不可以被打败。

312. 思考一切。

313. 认识你自己。

314. 天下没有白吃的午餐。蒲荟苪辑

【成功】

●有益者不为，无益者为之，所以苦其劳而不见成功。——薛瑄

●成大事者，不恤小耻；立大功者，不拘小谅——冯梦龙

●思虑熟则得事理……得事理则必成功。——韩非

●立志欲坚不欲锐，成功在久不在速。——张孝祥

●不安于小成，然后足以成大器；不诱于小利，然后可以立远功。——方孝孺

●如果你问一个善于溜冰的人怎样获得成功时，他会告诉你：

"跌倒了，爬起来。"这就是成功。——牛顿

●成功的意义应该是发挥了自己的所长，尽了自己的努力之后，所感到的一种无愧于心的收获之乐，而不是为了虚荣心或金钱。——罗兰

●成功的秘诀，在永不改变既定的目的。——卢俊

●天下绝无不热烈勇敢地追求成功，而能取得成功的人。——拿破仑一世

●沉浸于现实的忙碌之中，没有时间和精力思念过去，成功也就不会太远了。——雷音

●本来无望的事，大胆尝试，往往能成功。——莎士比亚

【失败】

●败莫败于不自知。——吕不韦

●凡百事之成也在敬之，其败也必在慢之。——司马光

●失败对我们是有好处的，我们得祝福灾难，我们是灾难之子。——罗曼·罗兰

●死的伟大的人，永远没有失败。——拜伦

●人们常以为犯小过无伤大雅，哪知更大的失败常是有小过导引而来的。——雪莱

●无数人的失败，都是失败于做事情不彻底，往往做到离成功只差一步就停下来。——莎士比亚

●错误经不起失败，但是真理却不怕失败。——泰戈尔

●失败之前无所谓高手，在失败的面前，谁都是凡人。——普希金

【生活】

●时间顺流而下，生活逆水行舟。——艾青

●生活太安逸了，工作就被生活所累。——鲁迅

●人一辈子都在高潮——低潮中浮沉，唯有庸碌的人，生活才如死水一般。——傅雷

●生活得最有意义的人，并不就是年岁活得最大的人，而是对生活最有感受的人。——卢梭

●生活是我们在自己喜欢的环境中所遵循的一种习惯。——巴尔扎克

●生活看起来最如此的庸俗，如此的易于满足日常平淡的事物，然而它总是在暗地里念念不忘某些更高的要求，而且去寻找满足这些要求的手段。——歌德

●生活是没有旁观者的。——歌德

●我觉得坦途在前，人又何必为了一些小障碍而不走路呢？——鲁迅

【理想】

●理想不抛弃苦心追求的人，只要不停止追求，你们会沐浴在理想的光辉之中。——巴金

●每个人的生命都是一只小船，理想是小船的风帆。——张海迪

●人有了物质才能生存，人有了理想才谈得上生活。你要了解生存与生活的不同吗？动物生存，而人则生活。——雨果

●每一个人要有做一代豪杰的雄心壮志！应当做个开创一代的人。——周恩来

青少年应该知道的语文知识

●缺乏理想的现实主义是毫无意义的，脱离现实的理想主义是没有生命的。——罗曼·罗兰

●理想是指路明灯。没有理想，就没有坚定的方向；没有方向，就没有生活。——列夫·托尔斯泰

●当大自然剥夺了人类用四肢爬行的能力时，又给了他一根拐杖，这就是理想！——高尔基

●暂时的是现实，永生的是理想。——罗曼·罗兰

●人的理想粉碎迷信，而人的感情也将摧毁利己主义。——海涅

【创新】

●距离已经消失，要么创新，要么死亡。——托马斯·彼得斯

●致富的秘诀，在于"大胆创新、眼光独到"八个大字。——陈玉书

●同是不满于现状，但打破现状的手段却不同：一是革新，一是复古。——鲁迅

●人类的创新之举是极其困难的，因此便把已有的形式视为神圣的遗产。——蒙森

●想出新办法的人在他的办法没有成功以前，人家总说他是异想天开。——马克·吐温

●异想天开给生活增加了一分不平凡的色彩，这是每一个青年和善感的人所必需的。——巴乌斯托夫斯基

【道德】

●道之以德，齐之以礼，有耻且格。——孔子

●若无德，则虽体魄智力发达，适足助其为恶。——蔡元培

●道德是做人的根本……没有道德的人，学问和本领愈大，就能为非作恶愈大。——陶行知

●对你们的孩子要教之以德性，只有德性，而不是金钱，才能使人幸福，这是我的经验之谈。——贝多芬

●教育的最终目的为明辨善恶及真伪，并使人倾向于善与真，排斥恶与伪。——塞·约翰生

●必要的道德教育最好在婴儿出生的那一瞬间就开始，因为这样开始就不会因太多的期望而失望。——罗素

【名誉】

●名不徒生，而誉不自长，功成名遂，名誉不可虚假。——墨子

●山不在高，有仙则名；水不在深，有龙则灵。——刘禹锡

●声誉不过是人们的喁喁细语，但它往往是腐败了的气息。——卢棱

●勿屈己而徇人，勿沽名而钓誉。——詹天佑

●显赫的名声是一种巨大的音响：其音愈高，其响愈远。——拿破仑

●古今人物之名望的高大，不是在他所做的官大，是在他所做事业的成功。——孙中山

●一个人的尊严并非在于获得的荣誉，而在于本身值得这荣誉。——牛顿

B

百川东到海，何时复西归？少壮不努力，老大徒伤悲。（汉乐府《长歌行》）

百学须先立志。（朱熹）

宝剑锋从磨砺出，梅花香自苦寒来。

笔落惊风雨，诗成泣鬼神。（杜甫）

别裁伪体亲风雅，转益多师是汝师。（杜甫）

博观而约取，厚积而薄发。（苏轼）

博学之，审问之，慎思之，明辨之，笃行之。（《礼记》）

不登高山，不知天之高也；不临深溪，不知地之厚也。（《荀子》）

不飞则已，一飞冲天；不鸣则已，一鸣惊人。（司马迁）

不患人之不己知，患不知人也。（孔子）

不入虎穴，焉得虎子？（后汉书）

不塞不流，不止不行。（韩愈）

不识庐山真面目，只缘身在此山中。（苏轼）

不畏浮云遮望眼，只缘身在最高层。（王安石）

不以规矩，无以成方园。（孟子）

C

采得百花成蜜后，为谁辛苦为谁甜。（罗隐）

仓廪实则知礼节，衣食足则知荣辱。（《管子》）

操千曲而后晓声，观千剑而后识器。（刘勰）

察己则可以知人，察今则可以知古。（《吕氏春秋》）

差以毫厘，谬以千里。（《汉书》）

乘风破浪会有时，直挂云帆济沧海。（李白）

臣心一片磁针石，不指南方不肯休。（文天祥）

沉舟侧畔千帆过，病树前头万木春。（刘禹锡）

吃一堑，长一智。（古谚语）

尺有所短，寸有所长。（屈原）

出师未捷身先死，长使英雄泪沾襟。（杜甫）

春蚕到死丝方尽，蜡炬成灰泪始干。（李商隐）

春风得意马蹄疾，一日看尽长安花。（孟郊）

春色满园关不住，一枝红杏出墙来。（叶绍翁）

春宵一刻值千金。（苏轼）

从善如登，从恶如崩。（《国语》）

D

大丈夫宁可玉碎，不能瓦全。（北齐书）

大直若屈，大巧若拙，大辩若讷。（《老子》）

丹青不知老将至，富贵于我如浮云。（杜甫）

但愿人长久，千里共蝉娟。（苏轼）

当断不断，反受其乱。（汉书）

当局者迷，旁观者清。（新唐书）

得道者多助，失道者寡助。（《孟子》）

登山则情满于山，观海则意溢于海。（刘勰）

东边日出西边雨，道是无晴却有晴。（刘禹锡）

读书百遍，其义自现。（三国志）

读书破万卷，下笔如有神。（杜甫）

读书之法，在循序而渐进，熟读而精思。（朱熹）

读万卷书，行万里路。（刘彝）

多行不义必自毙。（左传）

E

尔曹身与名俱灭，不废江河万古流。（杜甫）

F

凡事豫（预）则立，不豫（预）则废。（《礼记》）

防民之口，甚于防川。（国语）

非学无以广才，非志无以成学。（诸葛亮）

风萧萧兮易水寒，壮士一去兮不复还。（《战国策》）

富贵不能淫，贫贱不能移，威武不能屈。（孟子）

G

感时思报国，拔剑起蒿莱。（陈子昂）

高山仰止，景行行止。（《诗经》）

工欲善其事，必先利其器。（孔子）

古之成大事者，不惟有超士之才，亦有坚忍不拔之志。（苏轼）

观众器者为良匠，观众病者为良医。（宋·叶适）

光阴似箭，日月如梭。（明《增广贤文》）

滚滚长江东逝水，浪花淘尽英雄。（《三国演义》）

H

海阔凭鱼跃，天高任鸟飞。（古诗诗话）

海内存知己，天涯若比邻。（王勃）

海上生明月，天涯共此时。（张九龄）

忽如一夜春风来，千树万树梨花开。（岑参）

会当凌绝顶，一览众山小。（杜甫）

祸兮，福之所倚；福兮，锅之所伏。（《老子》）

67

J

己所不欲，勿施于人。（论语）

兼听则明，偏信则暗。（《资治通鉴》）

见兔而顾犬，未为晚也；亡羊而补牢，未为迟也。（《战国策》）

见义不为，非勇也。（论语）

江山代有才人出，各领风骚数百年。（赵翼）

金玉其外，败絮其中。（刘基）

近水楼台先得月，向阳花木易为春。（苏麟）

近朱者赤，近墨者黑。（傅玄）

镜破不改光，兰死不改香。（孟郊）

九州生气恃风雷，万马齐喑究可哀。我劝天公重抖擞，不拘一格降人才。（龚自珍）

鞠躬尽瘁，死而后已。（诸葛亮《后出师表》）

捐躯赴国难，视死忽如归。（曹植）

君子成人之美，不成人之恶。（论语）

君子坦荡荡，小人长戚戚。（孔子）

君子忧道不忧贫。（论语）

君子之交淡若水，小人之交甘若醴。（《庄子》）

L

老当益壮，宁知白首之心；穷且益坚，不坠青云之志。（王勃）

老骥伏枥，志在千里。烈士暮年，壮心不已。（曹操）

梨花院落溶溶月，柳絮池塘淡淡风。（晏殊）

流水不腐，户枢不蠹。（吕氏春秋）

路漫漫其修远今，吾将上下而求索。（屈原）

路遥知马力，日久见人心。（元曲·争报恩）

落红不是无情物，化作春泥更护花。（龚自珍）

落霞与孤鹜齐飞，秋水共长天一色。（王勃）

M

满招损，谦受益。（尚书）

梅须逊雪三分白，雪却输梅一段香。（罗梅坡）

靡不有初，鲜克有终。（诗经）

敏而好学，不耻下问。（孔子）

莫愁前路无知己，天下谁人不识君。（高适）

莫道桑榆晚，微霞尚满天。（刘禹锡）

莫等闲，白了少年头，空悲切！（岳飞）

木秀于林，风必摧之。（旧唐书）

N

浓绿万枝红一点，动人春色不须多。（王安石）

P

皮之不存，毛将焉附？（左传）

蚍蜉撼大树，可笑不自量。（韩愈）

Q

其曲弥高，其和弥寡。（宋玉）

其身正，不令而行；其身不正，虽令不从。（论语）

奇文共欣赏，疑义相与析。（陶渊明）

千古兴亡多少事，悠悠，不尽长江滚滚流。（辛弃疾）

千里之行，始于足下。（老子）

前不见古人，后不见来者。念天地之悠悠，独怆然而涕下。（陈子昂）

前车之覆，后车之鉴。（汉书）

前事不忘，后事之师。（《战国策》）

锲而不舍，金石可镂。（荀子·劝学）

青，取之于蓝而青于蓝。（荀子）

青山遮不住，毕竟东流去。（辛弃疾）

清水出芙蓉，天然去雕饰。（李白）

穷则变，变则通，通则久。（易经）

穷则独善其身，达则兼善天下。（《孟子》）

R

人固有一死，或重于泰山，或轻于鸿毛，用之所趋异也。（司马迁）

人生自古谁无死，留取丹心照汗青。（文天祥）人谁无过，过而能改，善莫大焉。（《左传》）

仁者见之谓之仁，智者见之谓之智。（《周易》）

S

塞翁失马，焉知非福？（淮南子）

三更灯火五更鸡，正是男儿发愤时。黑发不知勤学早，白首方悔读书迟。（颜真卿）

三军可夺帅也，匹夫不可夺志也。（孔子）

莫等闲，白了少年头，空悲切。（岳飞）

山不厌高，水不厌深。（曹操）

山不在高，有仙则名；水不在深，有龙则灵。（刘禹锡）

山高月小，水落石出。（苏轼）

山河破碎风飘絮，身世浮沉雨打萍。（文天祥）

山重水复疑无路，柳暗花明又一村。（陆游）

少年辛苦终身事，莫向光阴惰寸功。（杜荀鹤）

身既死兮神以灵，子魂魄兮为鬼雄。（屈原）

身无彩凤双飞翼，心有灵犀一点通。（李商隐）

生当作人杰，死亦为鬼雄。（李清照）

生也有涯，知（智）也无涯。（庄子）

绳锯木断，水滴石穿。（宋·罗大京）

圣人千虑，必有一失；愚人千虑，必有一得。（《晏子春秋》）

盛名之下，其实难副。（后汉书）

盛年不重来，一日难再晨，及时当勉励，岁月不待人。（陶渊明）

失之东隅，收之桑榆。（《后汉书》）

十年树木，百年树人。（《管子·权修》）

时危见臣节，世乱识忠良。（鲍照）

士不可不弘毅，任重而道远。（论语）

士为知己者死。（史记）

世事洞明皆学问，人情练达即文章。（《红楼梦》）

试玉要烧三日满，辨材须待七年期。（白居易）

书到用时方恨少，事非经过不知难。（陆游）

疏影横斜水清浅，暗香浮动月黄昏。（林逋）

谁言寸草心，报得三春晖。（孟郊）

水至清则无鱼，人至察则无徒。（《礼记》）

岁寒，然后知松柏之后凋也。（孔子）

T

它山之石，可以攻玉。（《诗经·小雅》）

踏破铁鞋无觅处，得来全不费功夫。（《水浒传》）

桃李不言，下自成蹊。（史记）

天时不如地利，地利不如人和。（《孟子》）

天下事有难易乎，为之，则难者亦易矣；不为，则易者亦难矣。（彭端叔）

天下兴亡，匹夫有责。（顾炎武）

天行有常，不为尧存，不为桀亡。《荀子》）

天意怜幽草，人间重晚晴。（李商隐）

W

玩物丧志。（书经）往者不可谏，来者犹可追。（《论语》）

为人性僻耽佳句，语不惊人死不休。（杜甫）

位卑未敢忘忧国。（陆游）

文武之道，一张一弛。（礼记）

文章合为时而著，歌诗合为事而作。（白居易）

闻道有先后，术业有专攻。（韩愈）

问君能有几多愁，恰似一江春水向东流。（李煜）

问渠那得清如许，为有源头活水来。（朱熹）

我自横刀向天笑，去留肝胆两昆仑。（谭嗣同）

无边落木萧萧下，不尽长江滚滚来。（杜甫）

无可奈何花落去，似曾相识燕归来。（晏殊）

无意苦争春，一任群芳妒。（陆游）

吾生也有涯，而知也无涯。（《庄子》）

勿以恶小而为之，勿以善小而不为。（刘备）

物以类聚，人以群分。（易经）

X

夕阳无限好，只是近黄昏。（李商隐）

先天下之忧而忧，后天下之乐而乐。（范仲淹）

小荷才露尖尖角，早有蜻蜓立上头。（杨万里）

心事浩茫连广宇，于无声处听惊雷。（鲁迅）

新沐者必弹冠，新浴者必振衣。（屈原）

信言不美，美言不信。善者不辩，辩者不善。（老子）

星星之火，可以燎原。（尚书）

学而不思则罔，思而不学则殆。（孔子）

学而不厌，诲人不倦。（孔子）

学然后知不足。（礼记）

学无止境。（荀子）

血沃中原肥劲草，寒凝大地发春华。（鲁迅）

Y

言者无罪，闻者足戒。（毛诗序）

《阳春》之曲，和者必寡；盛名之下，其实难副。（《后汉书》）

业精于勤，荒于嬉，行成于思，毁于随。（韩愈）

一年之计，莫如树谷；十年之计，莫如树木；百年之计，莫如树人。（《管于》）一日暴之，十日寒之，未有能生者也。（《孟

子》）

衣莫若新，人莫若故。（晏子春秋）

以铜为镜，可以正衣冠；以古为镜，可以知兴替；以人为镜，可以明得失。（孙昭远）

忧劳可以兴国，逸豫可以亡身。（欧阳修）

有情芍药含春泪，无力蔷薇卧晓枝。（秦观）

有志者，事竟成。（后汉书）

与善人居，如入兰芷之室，久而不闻其香；与恶人居。如入鲍鱼之肆，久而不闻其（刘向）

玉不琢，不成器；人不学，不知道。（《礼记》）

欲加之罪，何患无辞。（左传）

欲穷千里目，更上一层楼。（王之涣）

欲速则不达，见小利则大事不成。（论语）

Z

早岁那知世事艰，中原北望气如山。（陆游）

曾经沧海难为水，除却巫山不是云。（元稹）

张而不弛，文武弗能也；弛而不张，文武弗为也，一张一弛，文武之道也。（《礼记》）

知不足，然后能自反也；知困，然后能自强也。（《礼记》）

知己知彼，百战不殆。（孙子兵法）

知识就是力量。（培根）

知无不言，言无不尽。（苏洵）

纸上得来终觉浅，绝知此事要躬行。（陆游）

至长反短，至短反长。（吕氏春秋）

智者千虑，必有一失；愚者千虑，必有一得。（晏子春秋）

高级名句背诵

1. 真的猛士，敢于直面惨淡的人生，敢于正视淋漓的鲜血。（鲁迅《记念刘和珍君》）

2. 惨象，已使我目不忍视了；流言，尤使我耳不忍闻。（鲁迅《记念刘和珍君》）

3. 沉默呵，沉默呵！不在沉默中爆发，就在沉默中灭亡。（鲁迅《记念刘和珍君》）

4. 盖均无贫，和无寡，安无倾。（《论语·季氏将伐颛臾》）

5. 既来之，则安之。（《论语·氏将伐颛臾》）

6. 吾恐季孙之忧，不在颛臾，而在萧墙之内也。（《论语·季氏将伐颛臾》）

7. 谨庠序之教，申之以孝悌之义。（《孟子·寡人之于国也》）

8. 青，取之于蓝，而青于蓝；冰，水为之，而寒于水。（荀子《劝学》）

9. 故木受绳则直，金就砺则利，君子博学而日参省乎已，则知明而行无过矣。（荀子《劝学》）

10. 吾尝终日而思矣，不如须臾之所学也；吾尝跂而望矣，不如登高之博见也。（荀子《劝学》）

11. 登高而招，臂非加长也，而见者远；顺风而呼，声非加疾也，而闻者彰。（荀子《劝学》）

12. 假舆马者，非利足也，而致千里；假舟楫者，非能水也，而绝江河。（荀子《劝学》）

13. 积土成山，风雨兴焉；积水成渊，蛟龙生焉；积善成德，而神明自得，圣心备焉。（荀子《劝学》）

14. 故不积跬步，无以至千里；不积小流，无以成江海。（荀子《劝学》）

15. 锲而舍之，朽木不折；锲而不舍，金石可镂。（荀子《劝学》）

16. 骐骥一跃，不能十步；驽马十驾，功在不舍。（荀子《劝学》）

17. 水击三千里，抟扶摇而上者九万里，去以六月息者也。（庄子《逍遥游》）

18. 及至始皇，奋六世之余烈，振长策而御宇内，吞二周而亡诸侯，履至尊而制六合，执敲扑而鞭笞天下，威振四海。（贾谊《过秦论》）

19. 斩木为兵，揭竿为旗，天下云集响应，赢粮而景从。（贾谊《过秦论》）

20. 一夫作难而七庙隳，身死人手，为天下笑者，何也？仁义不施而攻守之势异也。（贾谊《过秦论》）

21. 项庄舞剑，意在沛公。（《史记·羽本纪》）

22. 大行不顾细谨，大礼不辞小让。（《史记·项羽本纪》）

23. 群贤毕至，少长咸集。（王羲之《兰亭集序》）

24. 此地有崇山峻岭，茂林修竹，又有清流激湍，映带左右。（王羲之《兰亭集序》）

25. 悟已往之不谏，知来者之可追。（陶潜《归去来兮辞》）

26. 木欣欣以向荣，泉涓涓而始流。（陶潜《归去来兮辞》）

27. 墙上芦苇，头重脚轻根底浅；山间竹笋，嘴尖皮厚腹中空。（解缙）

28. 翻手为云，覆手为雨。（《神奇的极光》）

29. 惯于长夜过春时，挈妇将雏鬓有丝。梦里依稀慈母泪，城头变幻大王旗。忍看朋辈成新鬼，怒向刀丛觅小诗。吟罢低眉无写处，月光如水照缁衣。（鲁迅《无题》）

30. 生命诚宝贵，爱情价更高；若为自由故，二者皆可抛。

31. 学富五车，才高八斗。

32. 臣闻求木之长者，必固其根本，欲流之远者，必浚其泉源。思国之安者，必积其德义。（魏征《谏太宗十思疏》）

33. 人君当神器之重，居域中之大，不念居安思危，戒奢以俭，斯亦伐根以求木茂，塞源而欲流长也。（魏征《谏太宗十思疏》）

34. 善始者实繁，克终者盖寡。（魏征《谏太宗十思疏》）

35. 竭诚则吴越为一体，傲物则骨肉为行路。（魏征《谏太宗十思疏》）

36. 念高危，则思谦冲而自牧；惧满溢，则思江海下百川。（魏征《谏太宗十思疏》）

37. 诚能见可欲，则思知足以自戒；将有作，则思知止以安人。（魏征《谏太宗十思疏》）

38. 则智者尽其谋，勇者竭其力，仁者播其惠，信者效其忠。文武并用，垂拱而治。（魏征《谏太宗十思疏》）

39. 层峦耸翠，上出重霄；飞阁流丹，下临无地。（王勃《滕王阁序》）

40. 落霞与孤鹜齐飞，秋水共长天一色。（王勃《滕王阁序》）

41. 渔舟唱晚，响穷彭蠡之滨；雁阵惊寒，声断衡阳之浦。（王勃《滕王阁序》）

42. 关山难越，谁悲失路之人？萍水相逢，尽是他乡之客。

（王勃《滕王阁序》）

43. 时运不齐，命途多舛。冯唐易老，李广难封。（王勃《滕王阁序》）

44. 老当益壮，宁移白首之心？穷且益坚，不坠青云之志。（王勃《滕王阁序》）

45. 东隅已逝，桑榆非晚。（王勃《滕王阁序》）

46. 师者，所以传道授业解惑也。（韩愈《师说》）

47. 是故无贵无贱，无长无少，道之所存，师之所存也。（韩愈《师说》）

48. 句读之不知，惑之不解，或师焉，或不焉，小学而大遗，吾未见其明也。（韩愈《师说》）

49. 孔子曰：三人行，必有我师焉。是故弟子不必不如师，师不必贤于弟子。（韩愈《师说》）

50. 闻道有先后，术业有专攻。（韩愈《师说》）

51. 长桥卧波，未云何龙？复道行空，不霁何虹？（杜牧《阿房宫赋》）

52. 歌台暖响，春光融融；舞殿冷袖，风雨凄凄？（杜牧《阿房宫赋》）

53. 明星荧荧，开妆镜也，绿云扰扰，梳晓鬟也。（杜牧《阿房宫赋》）

54. 瓦缝参差，多于周身之帛缕；直栏横槛，多于九土之城郭；管弦呕哑，多于市人之言语。（杜牧《阿房宫赋》）

55. 后人哀之而不鉴之，亦使后人而复哀后人也。（杜牧《阿房宫赋》）

56. 六国破灭，非兵不利，战不善，弊在赂秦。（苏洵《六国论》）

57. 古人云："以地事秦，犹抱薪救火，薪不尽，火不灭。"（苏洵《六国论》）

58. 齐人未尝赂秦，终继五国迁灭，何哉？与嬴而不助五国也。（苏洵《六国论》）

59. 刺客不行，良将犹在，则胜负之数，存亡之理，当与秦相较，或未易量。（苏洵《六国论》）

60. 余与四人拥火以入，入之愈深，其进愈难，而其见愈奇。（王安石《游褒禅山记》）

61. 夫夷以近，则游者众，险以远，则至者少。（王安石《游褒禅山记》）

62. 而世之奇伟、瑰怪、非常之观，常在于险远，而人之所罕至焉，故非有志者不能至也。（王安石《游褒禅山记》）

63. 然力足以至焉，于人为可讥，而在己为有悔；尽吾志也而不能至者，可以无悔矣，其孰能讥之乎？（王安石《游褒禅山记》）

64. 《书》曰："满招损，谦得益。"（欧阳修《伶官传序》）

65. 忧劳可以兴国，逸豫可以亡身，自然之理也。（欧阳修《伶官传序》）

66. 夫祸患常积于忽微，而智勇多困于所溺。（欧阳修《伶官传序》）

67. 事不目见耳闻，而臆断其有无，可乎。（苏轼《石钟山记》）

68. 三五之夜，明月半墙，桂影斑驳，风移影动，珊珊可爱。（归有光《项脊轩志》）

69. 安能屈豪志之流，扼腕墓道，发其志士之悲哉？（张溥《五人墓碑记》）

70. 故予与同社诸君子哀斯墓之徒有其石也而为之记，亦以明

死生之大，匹夫之有重于社稷也。（张溥《五人墓碑记》）

71. 鹰击长空，鱼翔浅底，万类霜天竞自由。（毛泽东《沁园春·长沙》）

72. 怅寥廓，问苍茫大地，谁主沉浮？（毛泽东《沁园春·沙》）

73. 恰同学少年，风华正茂，书生意气，挥斥方遒。（毛泽东《沁园春·长沙》）

74. 曾记否，到中流击水，浪遏飞舟？（毛泽东《沁园春·长沙》）

75. 桑之未落，其叶沃若。（《诗经·卫风·氓》）

76. 信誓旦旦，不思其反。（《诗经·卫风·氓》）

77. 长太息以掩涕兮，哀民生之多艰。（屈原《离骚》）

78. 孔雀东南飞，五里一徘徊。（《孔雀东南飞》）

79. 纤纤作细步，精妙世无双。（《孔雀东南飞》）

80. 举手长劳劳，二情同依依。（《孔雀东南飞》）

81. 枝枝相覆盖，叶叶相交通。（《孔雀东南飞》）

82. 迢迢牵牛星，皎皎河汉女。（《古诗十九首》）

83. 纤纤擢素手，札札弄机杼。（《古诗十九首》）

84. 仰手接飞猱，俯身散马蹄。（曹植《白马篇》）

85. 羁鸟恋旧林，池鱼思故渊。（陶渊明《归园田居》）

86. 榆柳荫后檐，桃李罗堂前。（陶渊明《归园田居》）

87. 暧暧远人村，依依墟里烟。（陶渊明《归园田居》）

88. 久在樊笼里，复得返自然。（陶渊明《归园田居》）

89. 少壮不努力，老大徒伤悲。（《长歌行》）

90. 对酒当歌，人生几何！（曹操《短歌行》）

91. 青青子衿，悠悠我心。（曹操《短歌行》）

92. 月明星稀，乌鹊南飞。（曹操《短歌行》）

93. 安能摧眉折腰事权贵，使我不得开心颜！（李白《梦游天姥吟留别》）

94. 千呼万唤始出来，犹抱琵琶半遮面。（白居易《琵琶行》）

95. 嘈嘈切切错杂弹，大珠小珠落玉盘。（白居易《琵琶行》）

96. 别有幽愁暗恨生，此时无声胜有声。（白居易《琵琶行》）

97. 暮去朝来颜色故，门前冷落鞍马稀。（白居易《琵琶行》）

98. 同是天涯沦落人，相逢何必曾相识。（白居易《琵琶行》）

99. 明月松间照，清泉石上流。（王维《山居秋暝》）

100. 竹喧归浣女，莲动下渔舟。（王维《山居秋暝》）

101. 无边落木萧萧下，不尽长江滚滚来。（杜甫《登高》）

102. 万里悲秋常作客，百年多病独登台。（杜甫《登高》）

103. 艰难苦恨繁霜鬓，潦倒新停浊酒杯。（杜甫《登高》）

104. 三顾频烦天下计，两朝开济老臣心。（杜甫《蜀相》）

105. 出师未捷身先死，长使英雄泪满襟。（杜甫《蜀相》）

106. 山围故国周遭在，潮打空城寂寞回。（刘禹锡《石头城》）

107. 淮水东边旧时月，夜深还过女墙来。（刘禹锡《石头城》）

108. 庄生晓梦迷蝴蝶，望帝春心托杜鹃。（刘禹锡《锦瑟》）

109. 沧海月明珠有泪，蓝田日暖玉生烟。（刘禹锡《锦瑟》）

110. 楼船夜雪瓜洲渡，铁马秋风大散关。（陆游《书愤》）

111. 塞上长城空自许，镜中衰鬓已先斑。（陆游《书愤》）

112. 出师一表真名世，千载谁堪伯仲间！（陆游《书愤》）

113. 小楼一夜听春雨，深巷明朝卖杏花。（陆游《临安春雨初霁》）

114. 矮低斜行闲作草，睛窗细乳戏分茶。（陆游《临安春雨初霁》）

115. 问君能有几多愁？恰似一江春水向东流。（李煜《虞美人》）

116. 执手相看泪眼，竟无语凝噎。（柳永《雨霖铃》）

117. 情自古伤离别，更那堪冷落清秋节。（柳永《雨霖铃》）

118. 今宵酒醒何处？杨柳岸晓风残月。（柳永《雨霖铃》）

119. 大江东去，浪淘尽，千古风流人物。（苏轼《念奴娇 赤壁怀古》）

120. 乱石穿空，惊涛拍岸，卷起千堆雪。（苏轼《念奴娇 赤壁怀古》）

121. 山如画，一时多少豪杰。（苏轼《念奴娇 赤壁怀古》）

122. 故国神游，多情应笑我，早生华发。（苏轼《念奴娇 赤壁怀古》）

123. 金风玉露一相逢，便胜却人间无数。（秦观《鹊桥仙》）

124. 两情若是久长时，又岂在朝朝暮暮。（秦观《鹊桥仙》）

125. 云中谁寄锦书来？雁字回时，月满西楼。（李清照《一剪梅》）

126. 此情无计可消除，才下眉头，却上心头。（李清照《一剪梅》）

127. 一种相思，两处闲愁。（李清照《一剪梅》）

128. 舞榭歌台，风流总被雨打风吹去。（辛弃疾《永遇乐 京口北固亭怀古》）

129. 凭谁问：廉颇老矣，尚能饭否？（辛弃疾《永遇乐 京口北固亭怀古》）

130. 淮左名都，竹西佳处，解鞍少驻初程。（姜夔《扬州

131. 自胡马窥江去后，废池乔木，犹厌言兵。（姜夔《扬州慢》）

132. . 豆蔻词工，青楼梦好，难赋深情。（姜夔《扬州慢》）

133. 二十四桥仍在，波心荡，冷月无声。（姜夔《扬州慢》）

134. 念桥边红药，年年知为谁生！（姜夔《扬州慢》）

135. 一骑红尘妃子笑，无人知是荔枝来。（杜牧《过华清宫》）

136. 梦里不知身是客，一晌贪欢。（李煜《浪淘沙》）

137. 别时容易见时难，流水落花春去也，天上人间。（李煜《浪淘沙》）

138. 十年生死两茫茫，不思量，自难忘。（苏轼《江城子》）

139. 纵使相逢应不识，尘满面，鬓如霜。（苏轼《江城子》）

140. 满地黄花堆积，憔悴损，如今有谁堪摘？（李清照《声声慢》）

141. 梧桐更兼细雨，到黄昏，点点滴滴。（李清照《声声慢》）

142. 而今识得愁滋味。欲说还休，欲说还休，却道：天凉好个秋。（辛弃疾《丑奴儿》）

143. 雾失楼台，月迷津渡，桃源望断无寻处。（秦观《踏沙行》）

144. 郴江幸自绕郴山，为谁流下潇湘去。（秦观《踏沙行》）

145. 血沃中原肥劲草，寒凝大地发春华。（鲁迅《无题》）

146. 茕茕孑立，形影相吊。（李密《陈情表》）

147. 日薄西山，气息奄奄。（李密《陈情表》）

148. 臣生当陨首，死当结草。（李密《陈情表》）

149. 月出于东山之上，徘徊于斗牛之间。（苏轼《赤壁赋》）

150. 白露横江，水光接天。纵一苇之所如，凌万顷之茫然。（苏轼《赤壁赋》）

151. 寄蜉蝣于天地，渺沧海之一粟。哀吾生须臾。羡长江之无穷。（苏轼《赤壁赋》）

152. 为善的受贫穷更命短，造恶的享富贵又寿延。（关汉卿《窦娥冤·滚绣球》）

153. 地也，你不分好歹何为地！天也，你错勘贤愚枉做天！（关汉卿《窦娥冤·绣球》）

154. 蜗角虚名，蝇头微利。（苏轼《满庭芳》）

155. 旧时王谢堂前燕，飞入寻常百姓家。（刘禹锡《乌衣巷》）

156. 飞鸟为之徘徊，壮士听而下泪矣。（袁宏道《虎丘记》）

157. 一人飞升，仙及鸡犬。（蒲松龄《促织》）

158. 相顾无言，惟有泪千行。（苏轼《江城子》）

159. 料得年年肠断处，明月夜，短松冈。（苏轼《江城子》）

160. 夕阳无限好，只是近黄昏。（李商隐《乐游原》）

161. 老骥伏枥，志在千里。（曹操《龟虽寿》）

162. 烈士暮年，壮心不已。（曹操《龟虽寿》）

163. 山重水复疑无路，柳暗花明又一村。（陆游《游山西村》）

164. 仰之弥高，钻之弥坚。（《论语》）

165. 君子坦荡荡，小人长戚戚。（《论语》）

166. 事出于沉思，义归于翰藻。（萧统《文选》）

167. 墙角数枝梅，凌寒独自开，遥知不是雪，为有暗香来。（王安石《梅花》）

168. 无意苦争春，一任群芳妒。零落成泥碾作尘，只有香如故。（陆游《卜算子·咏梅》）

169. 待到山花烂漫时，她在丛中笑。（毛泽东《卜算子·咏梅》）

170. 月落乌啼霜满天，江枫渔火对愁眠。苏姑城外寒山寺，夜半钟声到客船。（张继《枫桥夜泊》）

171. 何当共剪西窗烛，却话巴山夜雨时。（李商隐《夜雨寄北》）

172. 士别三日，即更刮目相待。（《三国志》）

173. 一夫当关，万夫莫开。（李白《蜀道难》）

174. 蜀道之难，难于上青天。（李白《蜀道难》）

175. 上有六龙回日之高标，下有冲波逆折之回川。（李白《蜀道难》）

176. 君不见黄河之水天上来，奔流到海不复回。（李白《将进酒》）

177. 人生得意须尽欢，莫使金樽空对月。（李白《将进酒》）

178. 天生我材必有用，千金散尽还复来。（李白《将进酒》）

179. 花径不曾缘客扫，蓬门今始为君开。（杜甫《客至》）

180. 星垂平野阔，月涌大江流。（杜甫《旅夜书怀》）

181. 群山万壑赴荆门，生长明妃尚有村。（杜甫《咏怀古迹》）

182. 一去紫台连朔漠，独留青冢向黄昏。（杜甫《咏怀古迹》）

183. 昔闻洞庭水，今上岳阳楼。（杜甫《登岳阳楼》）

184. 戎马关山北，凭轩涕泗流。（杜甫《登岳阳楼》）

185. 吴楚东南坼，乾坤日夜浮。（杜甫《登岳阳楼》）

186. 老吾老，以及人之老；幼吾幼，以及人之幼。（《孟子》）

187. 信而见疑，忠而被谤。（司马迁《屈原列传》）

188. 其文约，其辞微，其志洁，其行廉。（司马迁《屈原列传》）

与课文相关的名家颂对联辑录

①集群圣之大成，振玉声金，道通中外；立万世之师表，存神过化，德合乾坤。——颂孔子

②何处招魂，香草还生三户地；当年呵壁，湘流应识九歌心。——颂屈原

③诸葛亮：A. 志见出师表；好为梁父吟。B. 两表一对，鞠躬尽瘁酬三顾；鼎足七出，威德咸孚足千秋。

④金石文章空八代，江山姓氏著千秋。——颂韩愈

⑤韩潮学派百三汇，公起文章八代衰。——颂韩愈

补充名言

1. 受任于败军之际，奉命于危难之间。

2. 慎终如始，则无败事。

3. 胜人者力，自胜者强。

4. 水则载舟，水则覆舟。

5. 树德务滋，除恶务尽。

6. 身无彩凤双飞翼，心有灵犀一点通。

7. 桃李不言，下自成蹊。

青少年应该知道的语文知识

8. 踏破铁鞋无觅处，得来全不费功夫。

9. 天苍苍，野茫茫，风吹草低见牛羊。

10. 天下兴亡，匹夫有责。

12. 天时不如地利，地利不如人和。

13. 停车坐爱枫林晚，霜叶红于二月花。

14. 天街小雨润如酥，草色遥看近却无。

15. 天网恢恢，疏而不漏。

16. 他山之石，可以攻玉。

17. 谈笑有鸿儒，往来无白丁。

18. 无为在歧路，儿女共沾巾。

19. 温故而知新，可以为师矣。

20. 无可奈何花落去，似曾相识燕归来。

21. 我自横刀向天笑，去留肝胆两昆仑。

22. 无边落木萧萧下，不尽长江滚滚来。

23. 万里赴戎机，关山度若飞。

24. 问渠哪得清如许，为有源头活水来。

25. 我劝天公重抖擞，不拘一格降人才。

26. 万事俱备，只欠东风。

27. 勿以恶小而为之，勿以善小而不为。

28. 吾生也有涯，而知也无涯。

29. 往者不可谏，来者犹可追。

30. 为山九仞，功亏一篑。

31. 亡羊补牢，犹未为晚。

32. 学而不思则罔，思而不学则殆。

33. 夕阳西下，断肠人在天涯。

34. 学，然后知不足；教，然后知困。

35. 衔远山，吞长江。

36. 学而不厌，诲人不倦。

37. 先天下之忧而忧，后天下之乐而乐。

38. 行远必自尔，登高必自卑。

39. 小荷才露尖尖角，早有蜻蜓立上头。

40. 项庄舞剑，意在沛公。

41. 野芳发而幽香，佳木秀而繁阴。

42. 由俭入奢易，由奢入俭难。

43. 言必信，行必果。

44. 夜来城外一尺雪，晓驾炭车辗冰辙。

45. 一水护田将绿绕，两山排闼送青来。

46. 与君离别意，同是宦游人。

47. 玉不琢，不成器；人不学，不知道。

48. 野火烧不尽，春风吹又生。

49. 夜阑卧听风吹雨，铁马冰河入梦来。

50. 玉不琢不成器，人不学不成行。

51. 有所不为，而后可以有为。

52. 一日暴之，十日寒之。

53. 业精于勤，荒于嬉。

54. 欲穷千里目，更上一层楼。

55. 竹外桃花三两枝，春江水暖鸭先知。

56. 争渡，争渡，惊起一滩鸥鹭。

57. 择其善者而从之，其不善者而改之。

58. 纸上得来终觉浅，绝知此事要躬行。

59. 沾衣欲湿杏花雨，吹面不寒杨柳风。

60. 正是江南好风景，落花时节又逢君。

61. 知彼知己，百战不殆。

62. 醉翁之意不在酒，在乎山水之间也。

63. 知之为知之，不知为不知，是知也。

64. 知而好问，然后能才。

65. 知人者智，自知者明。

66. 朱门酒肉臭，路有冻死骨。

67. 富贵不能淫，贫贱不能移，威武不能屈，此之谓大丈夫。

68. 志士不饮盗泉之水，廉者不受嗟来之食。

69. 狼亦黠矣，而顷刻两毙，禽兽之变诈几何哉？止增笑耳。

70. 黄河远上白云间，一片孤城万仞山。羌笛何须怨杨柳，春风不度玉门关。

71. 离别家乡岁月多，近来人事半消磨。惟有门前镜湖水，春风不改旧时波。

72. 红豆生南国，春来发几枝？愿君多采撷，此物最相思。

73. 莫愁前路无知己，天下谁人不识君。

74. 等闲识得东风面，万紫千红总是春。

75. 枯藤老树昏鸦，小桥流水人家。古道西风瘦马，夕阳西下，断肠人在天涯。

76. 学而时习之，不亦说乎？有朋自远方来，不亦乐乎？人不知而不愠，不亦君子乎！

77. 敏而好学，不耻下问。

78. 三人行，必有我师焉。

79. 于是宾客无不变色离席，奋袖出臂。两股战战，几欲先走。

80. 白发三千丈，缘愁似个长。不知明镜里，何处得秋霜？

81. 本是同根生，相煎何太急！

82. 绿树村边合，青山郭外斜。

83. 慈母手中线，游子身上衣。临行密密缝，意恐迟迟归。谁言寸草心，报得三春晖。

84. 千门万户曈曈日，总把新桃换旧符。

85. 山不在高，有仙则名。水不在深，有龙则灵。斯是陋室，惟吾德馨。

86. 苔痕上阶绿，草色入帘青。

87. 西塞山前白鹭飞，桃花流水鳜鱼肥。青箬笠，绿蓑衣，斜风细雨不须归。

88. 少壮不努力，老大徒伤悲。

89. 粉身碎骨浑不怕，要留清白在人间。

90. 乱花渐欲迷人眼，浅草才能没马蹄。

91. 葡萄美酒夜光杯，欲饮琵琶马上催。醉卧沙场君莫笑，古来征战几人回。

92. 故天将降大任于是人也，必先苦其心志，劳其筋骨，饿其体肤，空乏其身，行拂乱其所为，所以动心忍性，曾益其所不能。

93. 呜呼！孰知赋敛之毒有甚是蛇者乎！故为之说，以俟夫观人风者得焉。

94. 居庙堂之高，则忧其民，处江湖之远则忧其君。

95. 诚宜开张圣听，以光先帝遗德，恢弘志士之气，不宜妄自菲薄，引喻失义，以塞忠谏之路也。

96. 亲贤臣，远小人，此先汉所以兴隆也；亲小人，远贤臣，此后汉所以倾颓也

97. 白日放歌须纵酒，青春作伴好还乡。

98. 旧时王谢堂前燕，飞入寻常百姓家。

99. 寡助之至，亲戚畔之。多助之至，天下顺之。

100. 人恒过，然后能改；困于心，衡于虑，而后作；征于色，发于声，而后喻。

101. 入则无法家拂士，出则无敌国外患者，国恒亡。

102. 落霞与孤鹜齐飞，秋水共长天一色。

103. 忧劳可以兴国，逸豫可以亡身。

104. 松下问童子，言师采药去。只在此山中，云深不知处。

105. 羁鸟恋旧林，池鱼思故渊。久在樊笼里，复得返自然。

106. 人非圣贤，孰能无过？过而能改，善莫大焉。

107. 君子坦荡荡，小人常戚戚。

108. 一张一弛，文武之道。

109. 凡事预则立，不预则废。

110. 绳锯木断，水滴石穿。

111. 失之东隅，收之桑榆。

112. 盛名之下，其实难副。

113. 海上升明月，天涯共此时。

114. 大漠孤烟直，长河落日圆。

115. 近乡情更怯，不敢问来人。

116. 清水出芙蓉，天然去雕饰。

117. 天生我材必有用，千金散尽还复来。

118. 露从今夜白，月是故乡明。

119. 东边日出西边雨，道是无晴却有晴。

120. 同是天涯沦落人，相逢何必曾相识。

121. 曾经沧海难为水，除却巫山不是云。

122. 海阔凭鱼跃，天高任鸟飞。

123. 溪云初起日沉阁，山雨欲来风满楼。

124. 衣带渐宽终不悔，为伊消得人憔悴。

125. 欲把西湖比西子，淡妆浓抹总相宜。

126. 横看成岭侧成峰，远近高低各不同。

127. 生当作人杰，死亦为鬼雄。

128. 文章本天成，妙手偶得之。

129. 青山遮不住，毕竟东流去。

130. 绿杨烟外晓寒轻，红杏枝头春意闹。

131. 近水楼台先得月，向阳花木易逢春。

132. 墙上芦苇，头重脚轻根底浅；山间竹笋，嘴尖皮厚腹中空。

133. 风声，雨声，读书声，声声入耳；家事，国事，天下事，事事关心。

134. 人逢喜事精神爽，月到中秋分外明。

135. 长江后浪推前浪，一代新人换旧人。

136. 青山依旧在，几度夕阳红。

137. 假作真时真亦假，无为有处有还无。

138. 天若有情天亦老，人间正道是沧桑。

139. 以铜为镜，可以正衣冠；以古为镜，可以见兴替；以人为镜，可以知得失。

140. 老当益壮，宁移白首之心；穷且益坚，不坠青云之志。

141. 前不见古人，后不见来者。念天地之悠悠，独怆然而涕下。

142. 年年岁岁花相似，岁岁年年人不同。

143. 君不见黄河之水天上来，奔流到海不复回。

144. 抽刀断水水更流，举杯销愁愁更愁。

145. 两只黄鹂鸣翠柳，一行白鹭上青天。窗含西岭千秋雪，门泊东吴万里船。

146. 千山鸟飞绝，万径人踪灭。孤舟蓑笠翁，独钓寒江雪。

147. 晴空一鹤排云上，便引诗情到碧霄。

148. 东风不与周郎便，铜雀春深锁二乔。

149. 日暮苍山远，天寒白屋贫。柴门闻犬吠，风雪夜归人。

150. 捐躯赴国难，视死忽如归。

151. 野旷天低树，江清月近人。

152. 春风得意马蹄疾，一日看尽长安花。

153. 既来之，则安之。

154. 众鸟高飞尽，孤云独去闲。相看两不厌，只有敬亭山。

155. 其身正，不令而行；其身不正，虽令不从。

156. 举世皆浊我独清，众人皆醉我独醒。

157. 鸡犬之声相闻，老死不相往来。

158. 宜未雨而绸缪，勿临渴而掘井。

159. 明日复明日，明日何其多，我生待明日，万事成蹉跎。

160. 采菊东篱下，悠然见南山。

161. 旁观者清，当局者迷。

162. 逢山开路，遇水搭桥。

163. 看菜吃饭，量体裁衣。

164. 日啖荔枝三百颗，不辞长作岭南人。

165. 日月之行，若出其中；星汉灿烂，若出其里

书面表达与口语交流

　　中国古代文化典籍可说是丰富多彩、浩如烟海，一个不摸门径的人可能会有无所适从之感。我们以下开列的这个书目，可以说基本上包含了中国传统文化方方面面的基本书籍，大家可以根据自己的兴趣进行选读。

　　中国古典文献在传统上分为"子史经集"四大部分，它们记录了中国古代在文化上取得的伟大成就。通过对这些书的阅读，使大家对中国传统文化的概貌获得一个大致了解，对进一步了解中国传统文化能够打下一个较为坚实的基础。

　　1. "四书五经"

　　"四书五经"是中国的"圣经"。"四书五经"是《大学》、《中庸》、《论语》和《孟子》（四书）及《诗经》、《书经》、《礼记》、《易经》、《春秋》（五经）的总称。这是一部被中国人读了几千年的教科书，包含了中国古代的政治理想与治国之道，是我们了解中国古代社会的一把钥匙。书里许多语言，如"当仁不让"、"名正言顺"、"巧言令色"等等，直到今天仍在使用。

2.《老子》

《老子》五千言，震古烁今，研究它的著作汗牛充栋。老子是中国第一个纯粹的哲学家，老子的思想成为中国人根深蒂固的一种思想倾向。道法自然、清静无为的思想，几乎对每一个有文化的中国人都有重要影响。《老子》文字简约，说理透彻，含义深邃，富有辩证精神，特别能启发人的思考。《老子》文字不是特别艰深，历代注家又多，选一种较好的版本当能有助于阅读理解。

3.《庄子》

《庄子》继承发扬了《老子》的思想，与《老子》一起合称"老庄"，成为道家的经典。庄子对生死的态度十分达观，"鼓盆而歌"成为庄子的典型画像。《庄子》文字上汪洋恣肆、丰赡华美，代表了先秦散文的最高成就，对中国古代散文的发展产生了深远影响。书中运用了大量的寓言来说理，比如《庖丁解牛》就是著名的一篇。

4.《韩非子》

《韩非子》一书集先秦法家思想之大成。韩非子思想是在中国第一个统一的封建王朝占统治地位的思想。法家思想是中国古代政治以力服人的"霸道"的代表，与"四书五经"代表的以德服人的"王道"一起，互为表里，历代王朝的统治者或多或少都受它影响。

5.《孙子兵法》

《孙子兵法》不是中国第一部兵书，却是最好的一部兵书，它

诞生于春秋几百年战乱的背景之下，涵盖了军事中一切重要问题，被我国历代军事家奉为圭泉。它还被译成多种外文，具有世界影响。《孙子兵法》简洁的语句中蕴藏着丰富的内容，对当代商业社会中人的行为处事亦颇多启发。

6. 《黄帝内经》

《黄帝内经》是我国第一部医书，相传是黄帝所作，代表了祖国医学最早的光辉成就。它对于病理学与治疗学的辩证思想，成为祖国医学发展的指导思想，为中医的发展奠定了坚实的基础。《黄帝内经》是先秦时期整理成书的，文字较为古奥，不熟悉中医术语的读者可能会有一定困难。

7. 《史记》

西汉司马迁宫刑之余发愤创作的《史记》，鲁迅称之为"史家之绝唱，无韵之离骚"。它开创了我国纪传史编撰的先河，成为历代官修正史的典范。《史记》记述了上古至当时的历史，其中"书"的部分较难懂，但却是司马迁历史思想集中表述的部分。全书精华在于"世家"与"列传"，司马迁为我们描绘了许许多多有个性、有感情的历史人物形象，他在历史人物身上倾注了自己的情感。《史记》不仅是一部历史著作，还是一部文学著作。

8. 《世说新语》

忽视《世说新语》，就忽视了传统中国人精神中的一个极其重要的方面。魏晋风流成了一代又一代读书人的理想人格，跟他们追求美、追求自由而深情狂放是分不开的。本书故事短小精悍，文字精炼上口，思想或清新挥洒，或沉郁勃发，读起来往往有会心之处。

青少年应该知道的语文知识

9. 《贞观政要》

唐太宗李世民贞观之治，被当作中国封建社会理想的清明政治的代表，本书就是记录李世民君臣谈话、活动的作品。李世民雄才大略，又得遇几位旷世英才，君明臣杰，造就了一代伟业。他们的治国思想与处事模式成了典范，到今天仍值得我们作批判地吸收。

10. 《金刚经》

《金刚经》不是中国人写的书，它是一部印度佛经，但1000多年来，它已经成了中国传统文化的有机组成部分。因为篇幅短小，思想又有代表性，它成了为人们念诵最多的一部经。它宣扬的"色即是空，空即是色"的思想成了中国佛教的主题之一。它篇幅的短小也许可以弥补部分文字比较生涩的难处。

11. 《坛经》

《坛经》是禅宗的六祖惠能的弟子所作，又称《六祖坛经》，是表述中国佛教思想的开山之作。它更把中国传统与佛教教义结合起来，创立了纯粹的中国禅宗。以心传心而顿悟的传道得道方式深受欢迎。唐宋以降，不但影响知识分子，还及于劳动人民。《坛经》思想深邃而文字浅白，读懂字面意思并不太难。

12. 《颜氏家训》

北朝颜之推著。中国古代是家族宗法社会，这种社会的理想生活是耕读传家。《颜氏家训》就是维护这种理想，实施这种理想的蓝图。它对家族家庭中几乎一切事务都提出了合乎那种理想的标准与要求。因此，一经产生便被历代奉为金科玉律。其中虽有教条烦琐之处，却也不乏于今仍有价值的地方。

13.《资治通鉴》

我国古代编年体历史著作的代表，北宋司马光著。《资治通鉴》记述了从战国到五代的历史，为统治者作借鉴之用。本书记事条理清楚，画人风神毕肖，说理明晰透彻，是《史记》之后，文学成就最高的史学巨著。后来的《续资治通鉴》、《清通鉴》与之形成一完整的古代编年史系统。

14.《菜根谭》

《莱根谭》是明朝洪应明编的一部书，是论述修身处世、待人接物应事的格言集，它揉合了儒家的中庸思想，道家的无为思想和佛家的出世思想，形成一种在世出世的处世方法体系。由于它讲的是人与物、人与人之间的基本关系，因此流传久远，直到现在仍有颇多启发价值。无论是成功者还是失意者，无论是商界的还是政界的，都能找到自己喜欢的语句。

青少年应该知道的语文知识

15.《曾国藩家书》

曾国藩是所谓中兴名臣，又是当时的理学领袖，在戎马倥偬、公务繁忙之余写给家人子弟的书信，表现了他对于家事，用封建理学观念指导之下的家人成长的看法，在当时及以后，获得了极高的声誉。他在封建社会末期，试图重振封建道德，但其中一些基本的修身齐家处世的观念，也很有意义。毛泽东同志青年时说过："愚于近人，独服曾文正。"

16.《鲁迅选集》

鲁迅是中国传统最深刻的批判家，他从旧营垒中冲杀出来，反戈一击。他因早年的经历和所受的教育，所以能看透中国传统文化的劣根性；他后来又接受了新思想，所以批判起来鞭辟入里，犀利无比。只有理解了鲁迅的批判，我们才能更深刻地理解中国传统文化，才能看清究竟哪些是糟粕，哪些是精华。时代向前的每一步发展，都使我们更深一步地认识到鲁迅的价值。

青少年必读的中国文学名著

1.《诗经》

《诗经》是中国最早的一部诗歌总集，收录了从西周初年到春秋中叶的305篇诗歌。四言为主的句式和重叠反复的章法是《诗经》中诗体的主要特色。"窈窕淑女，君子好逑"，"逃之夭夭"，"杨柳依依"等四字句，今天仍被广泛使用。《诗经》中的《风》是从民间采集的民歌，是其中的精品，它开创了中国现实主义诗歌的源头。读者要欣赏《诗经》之美，首先应该注意文中"赋、比、兴"的表现手法，其次还要克服一些自己不再使用的冷僻字的困难。

2.《楚辞》

《楚辞》是由西汉时期的刘向编定的，共17篇，其中7篇为屈原所作。《楚辞》代表了中国文人文学最早的辉煌成就，对于中国美学及中国文人的思想有持续的巨大的影响。《楚辞》以伟大的诗人屈原及其《离骚》为代表。《离骚》是中国文学史上第一篇具有强烈政治倾向的抒情长诗，且是浪漫主义诗歌的先河。阅读《楚辞》要注意当时的时代背景及屈原的生平，诗中用典较多，生僻字较多，还须结合注解。

3.《唐诗三百首》

《唐诗三百首》是历来为人传诵的佳作精品，唐代诗歌不仅达到中国旧体诗歌而且也是当时世界文学的顶峰。《唐诗三百诗》所选的内容从风花雪月的儿女情长到兴国安邦的豪情壮志，展现了一个极为广阔的文学天地和思想境界。读诗歌不可不读唐诗，读唐诗不可不熟读唐诗三百首。

诵读时读者应该把握盛唐诗歌中表现的开拓进展、意气风发的精种风貌。

4.《宋词选》

《宋词选》与前人相比，宋词扩大了词的境界和思想题材，突破了格律的束缚，宋词把词这种区别于诗的韵文体载的表现力推到了极至。豪放派的苏、辛，婉约派的李、姜词人的词作成了后世的典范。与诗一样，词应多读，多体味词的境界。

5.《元曲选》

元代散曲与杂剧是中国文学中的一朵奇葩，它真切地反映了市民的生活与审美情趣，拥有活泼的生机。元杂剧开创了中国戏剧的新局面，使中国戏剧与希腊古典悲剧、文艺复兴戏剧站到了同一高度。许多剧本脍炙人口，至今仍长演不衰，比如《窦娥冤》、《西厢记》等。阅读时惟一的难点是当时的口语，需要结合一下注解。

6.《古文观止》

《古文观止》自清初编定印刷以来，流传城乡，雅俗共赏，影响甚广。选编《古文观止》的目的是给读者提供一个学习文言散文的入门读物，熟读了其中的文章，就熟悉了文言的词汇、一语

青少年应该知道的语文知识

法现象和文章的布局结构，把握了中国古代散文发展的大体轮廓，为进一步阅读文言文打下了基础。其中所选的先秦散文略为古奥，稍难读些。最后一卷选明文，一般读者可能会忽略，其实亦有不少好文章。

7. 《三国演义》

《三国演义》是第一部长篇历史小说，它七分真实，三分虚构。罗贯中在书中塑造了许多栩栩如生的历史人物，比如中国人智慧的象征诸葛亮，奸雄的代表曹操，忠义的化身关羽等等。本书还描绘了三国乱世的广阔战场及错综复杂的政治斗争。书中的许多军事思想和处事谋略迄今仍有重大的借鉴价值。

8. 《水浒传》

《水浒传》是明代侠义小说的代表作。施耐庵塑造了一批啸聚江湖，仗义行侠的绿林好汉的独特性格和各人的成长道路。全书大故事套小故事，长篇中蕴含着短篇，至今许多文艺作品的题材都选自《水浒传》。小说用古代的白话写成，语言生动活泼，高潮迭起，可读性极强，是中国长篇侠义小说的鼻祖。明清侠义小说，以及当代武侠小说，都可以看到《水浒传》的巨大影响。

9. 《西游记》

《西游记》是明代神魔小说的代表作，全书共 100 回。作者吴承恩为世界文学长廊中增添了一个神通广大、铜身铁胆却极具人性特征的孙行者的形象，历来为不同年龄的人群所喜爱。值得注意的是孙悟空的极强的反抗精神，已成为古典文学中的一个典型。孙悟空保着唐僧西天取经的故事，几百年来在中国家喻户晓，妇孺皆知。

10.《红楼梦》

《红楼梦》是中国封建社会的大百科全书，全书通过一批豪门旺族的盛衰，展现了封建时代上至王公贵族下至平民百姓生活的方方面面。书中大批人物个性鲜明，呼之欲出，比如林黛玉、薛宝钗已成为具有两种鲜明性格的女性代表。《红楼梦》达到了中国古典小说的顶峰。

11.《聊斋志异》

《聊斋志异》是一部文言短篇小说集。原本可怕的鬼怪、狐仙在蒲松龄的妙笔下都被赋予了人性的善良和情感。作者写出了当时官场的黑暗，也写了人民的反抗。还写了许多凄婉缠绵的爱情故事。《聊斋志异》的文言文也典雅优美，简洁流畅，代表了古代文言小说的最高成就，通过读它亦可提高阅读文言文的能力。

12.《儒林外史》

《儒林外史》是一部长篇讽刺小说。吴敬梓在书中塑造了一批伪君子、假道学、假名土的丑言丑行，令人忍俊不禁之余又深获启发。本书又是近千年封建科举制度残害人、扭曲人性的缩影。小说往往不用一句贬词而能使虚伪之情毕现，代表了讽刺文学的最高成就。鲁迅先生对它亦有高度评价。

13.《鲁迅选集》

鲁迅是中国新文化的第一人，也是中国新文学的第一人。《呐喊》、《彷徨》、《故事新编》是现代小说的经典作品。他的杂文更是具有鲜明的鲁迅特色，精炼的白话文中略带文言，感情沉郁充沛，说理透彻，论辩犀利，如匕首、如投枪，既有时代特征又不失其永恒意义。许多篇目成为中国现代文学的典范作品。没有读过

"鲁迅"就不能算是读过中国文学，不能理解鲁迅，就不能理解中国文化，不能理解中国现代文学的发展、成就、使命和价值。

14.《家》

《家》是巴金的代表作"激流三部曲"中的第一部。小说带有自传的色彩，通过几个青年的命运写了"五四"之后人性的觉醒与封建势力对人性的扼杀。本书基本上是个爱情故事，这正是当时的普遍题材，语言不事雕琢，朴实亲切，作者是含着泪用心灵写出来的。《家》对当时许许多多青年人挣脱封建家庭束缚，追求幸福爱情，追求自由解放有巨大影响，使我们看到今天的自由实在是由先辈的抗争而来。

15.《骆驼祥子》

《骆驼祥子》是伟大的人民艺术家老舍用同情的笔触描绘的一幕悲剧：一个勤劳、朴实的底层社会的小人物怀着发家、奋斗的美好梦想，却最终为黑暗的暴风雨所吞噬，这是旧中国老北京贫苦市民的典型命运。《骆驼祥子》是现代白话文小说的典范作品。本书大量应用北京口语、方言，还有一些老北京的风土人情的描写，读来亲切、自然。

16.《雷雨》

《雷雨》是曹禺的处女作，也是其代表作，也是中国现代戏剧的代表作品。剧作完全运用了三一律，两个家庭8个人物在一天之内发生的故事，却牵扯到过去的恩恩怨怨，不但有伦常的矛盾、阶级的矛盾，还有个体对于环境、时代强烈不谐调的矛盾。在这种剧烈的冲突中完成了人物的塑造。

悲剧早已产生，只是在这里最后爆发。剧本情节扣人心弦，语言简练含蓄，潜台词极为丰富。

17.《围城》

《围城》是中国式幽默与西方式幽默相结合的典范，钱钟书以其对中国文化和人性的深刻理解，成功塑造了一个多余人——方鸿渐，每个读者似乎都能从他身上发现自己的影子。书中其余人物也刻画得神形毕现，如在目前，让人在忍俊不禁之后又感慨颇深。《围城》把人写透了，也把世界写透了。

18.《平凡的世界》

《平凡的世界》是路遥的一部力作，也是近年来少有的一部在青少年心目中产生巨大震撼和反响的当代题材的长篇小说。本书对变革年代的青年如何挑战固有的生活模式，如何去追求自我价值的实现做了可贵的探索。新旧两种思想观念和行为方式的大冲撞在书中有着深刻的描述。"孙少平"式的梦想和奋斗精神鼓舞了许多人。作品以黄土高原为背景，是一幅黄土的风情画。文中使用了一些当地的口语。无论从题材、思想，还是从语言上说，本书都可堪称新时期长篇小说的代表作品。

19.《毛泽东诗词》

毛泽东同志的诗词气势磅礴，一泻千里，体现了一代伟人指点江山，挥斥方遒的豪情壮志与和精神境界。作品极富号召力、感染力，是革命浪漫主义作品的代表，达到了近代以来旧体诗词艺术及思想上的最高峰。从中亦可窥见中国共产党创业之艰和历史上的重大战役与事件。读本书须结合诗词所作时的历史背景来理解、欣赏。

20.《文化苦旅》

《文化苦旅》是余秋雨的游记散文集，但绝不仅仅是游记。作

青少年应该知道的语文知识

者面对名山大川，历史风物，深思苦虑，体味其对于中国文化，中国人文精神的深远意义，也可谓是"文化苦虑"。作者文字精当，夹叙夹议，笔端常带感情，也引起读者对中国文化的思考、欣赏与认同。本书成了 20 世纪 90 年代以来，反思传统文化、以求建立新时代人文精神的代表之作。

世界文学首选书推荐

世界文学的殿堂就像大自然一样充满神奇美丽与朴实，它是世界上才华横溢的一批人用最优美、最自然的表达而描述出的世界的图景。它并不属于少数人，而属于所有的人。由于种种的原因，许多人没有机会进入这个殿堂，如果您准备进入，您确实是幸运的。请记住，只要走对了路，这个殿堂的门槛并不很高。

1.《圣经故事》

要了解西方文学，首先应该了解《圣经》。《圣经》文化是西方文化的一个源头，没有任何一部书像《圣经》这样深刻地影响了西方人的思想与生活。《圣经》也是西方人最推崇的最优美的文学。我们国内的《圣经》译文比较呆板。对一般人来说，读《圣经故事》来了解圣经会更容易一些。

2.《伊利亚特》《奥德修纪》

希腊文化是西方文化的另一个源头。而荷马史诗是希腊文明留给世界的最伟大的遗产。《伊利亚特》由傅东华，《奥德修纪》由杨宪益译成中文，两位译者的译文都能特别恰当地传达希腊古

诗的朴素与单纯。

3. 《堂吉诃德》

本书是欧洲伟大的长篇小说中最早的一部，出版距今已快400年了。至今仍然是世界范围内最受欢迎的长篇小说之一。别林斯基说得很好："在欧洲的所有一切著名文学作品中，把严肃与滑稽，悲剧性与喜剧性，生活中的琐屑和庸俗与伟大和美丽如此水乳交融……这样的范例仅见于塞万提斯的《堂吉诃德》"。我们中国读者应该注意，这毕竟是一部写于400年前的小说，那时候长篇小说的形式还没有完善。本书在结构上有些松散，情节略显拖沓，语言的精炼度也比不上19世纪的小说，但这部书优点更多，这些弱点我们应当忍受。

4. 《莎士比亚戏剧集》

莎士比亚与歌德被公认为是西方文学史上两座不可企及的高峰。他对人物心理的深入探索和语言的华美灿烂也使一代代的读者陶醉。如果你想丰富自己的语言，或者为使你的文学鉴赏能力超越一般水平，想选择一部反复精读的书，莎剧都是最佳选择。莎剧的许多著名的台词，都值得我们背诵下来。另外我们应该感谢为翻译莎剧耗尽了生命的翻译家朱生豪。他天才的译笔使我们相信，如果莎士比亚是中国人，可能也只能写成这样了。

5. 《鲁滨逊漂流记》

本书在西方有长远而巨大的影响。在中国也是一本广受欢迎、引人入胜的小说。小说的魅力在于，作者把一段明显虚构的故事写得像作者亲身经历的自叙那样具体、逼真、可信。本书是人的生存力量的赞歌，也从反面说明了这样一个真理：不管人类社会多么不尽人意，人也决不可能孤独的生存，我们需要人群。

6.《大卫·科波菲尔》

我国当初介绍狄更斯，更多强调的是狄更斯对劳动人民苦难的描述与同情。从文学的角度来讲，狄更斯的主要成就并不在这里。他的天才主要表现在以深刻的漫画笔法勾勒人物形象，探测人物灵魂的超常能力。他幽默的语言也属世界一流。狄更斯的才华与卓别林的电影、迪尼斯的卡通片、马克·吐温的小说、萧伯纳的戏剧都体现了同种类型的智慧，那就是西方幽默的智慧。

7.《简·爱》

简的追求与个性是这部书受到一代代青年尤其是女青年喜爱的根本原因。一个不漂亮的穷姑娘有着丰富的内心世界，为了自己的尊严克制着对心爱男子的爱情。这个姑娘具备女性的柔情，又有丰富的女性的心机与理智，使读者在追踪她的命运的同时又对她充满了敬佩。青年们从简的追求中获得爱的真谛，又从简的才智中获得力量和经验的启迪。

8.《呼啸山庄》

作者是《简·爱》作者的妹妹。本书问世后的很长时间都受到权威人士和读者的冷遇。进入 20 世纪之后，本书的价值被人们重新认识，它的文学地位超过了《简爱》。本书作者与司汤达、陀斯妥耶夫斯基一样，都因为对人类心理的种种极限状态的深刻探索而受到 20 世纪人们的高度推崇。习惯留连于生活常态与心理常态中的读者对本书的阴森、恐怖及激烈的情感状态可能会有一个适应的过程，但本书值得我们下一些功夫去征服，好作品和我们需要互相征服，这和恋爱相似。

9.《福尔摩斯探案集》

这是一部使文学史专家感到尴尬的小说，它的影响长久而深

远，它获得了各个层次读者的喜爱，直到现在仍然有无穷的魅力。但是用传统的文学价值体系又很难把它放在一个与它的影响相称的地位上。根据生活中的表象与细节，运用想象与经验，以丝丝入扣、无懈可击的逻辑推理，得到一个可信而又令人惊叹的结论。作者柯南道尔把人类观察力与逻辑推理能力的巨大能量发挥到了极致。把本书选入是想让读者对文学能形成一个更有涵盖力，更开放的概念。

10.《忏悔录》

卢梭的影响遍及哲学、政治学、法学、文学、教育学各个领域。这是一位具有巨大的原创能力的文化巨人。他性格高度敏感、神经质，一生历尽困厄，晚年神经失常。本书是作者的自传，以深刻的内省、惊人的坦率和对文明的批判著称于世。阅读卢梭是一场情感教育。如果你读后不能变得更真诚，你就对不起他。

11.《红与黑》

现在本书在全世界被公认为是 19 世纪最伟大最完美的长篇小说之一。但是在 19 世纪，本书曾长期受到冷遇。几乎目空一切的尼采是当时欣赏此书的少数几个名人之一，但当时尼采也是受冷遇的。对人在行动中的心灵的冲突、斗争、算计、期盼等心理状态的高度精确的刻画使本书拥有"灵魂的哲学与诗"的美誉。本书很深刻也比较好读。

12.《巴黎圣母院》

雨果在中国深有影响的另一部长篇小说是《悲惨世界》，雨果的语言有交响乐一般宏伟壮丽的特征，其语言的哲理性吸引着年轻人把他的好句子摘抄在笔记本土。对苦难的感受，对下层人民博大的同情使他的作品感动着一代代的读者。雨果是大诗人，非常喜欢在小说中抒发议论，使情节的进展变慢，但如果你陶醉在他的语言中，你会觉得这是一个优点。

13.《欧也妮·葛朗台》

巴尔扎克是位高产的作家，他的好作品很多，其中《高老头》、《幻灭》也非常优秀。他是19世纪批判现实主义大师中最突出的一位。他塑造的众多生动的人物形象足以构成一个社会。巴尔扎克是描绘各种生活画面的大师，也是描写人类欲望的大师。本书中老葛朗台是文学史上最著名的吝啬鬼之一。这个人物典型可以说是"对金钱的贪婪欲望"的一个永远的标本。在巴尔扎克时代，对各种生活细节及画面的巨细无遗的描绘是使人惊叹不已的。但是在声画媒体发达的今天，巴尔扎克的这种描绘已经使人感到烦琐了。这一点在阅读时需要注意。

14.《基度山伯爵》

大仲马本来是一位通俗的历史小说作家，但是由于他的作品在构造引人入胜的情节方面的天才，及透视人类普通情感的智慧，终于使自己进入了经典作家的行列。

15.《包法利夫人》

这是19世纪的长篇小说中艺术上最为完美的一部。作者福楼拜一生作品不多，但每一部都是文学史上的精品。

16.《莫泊桑中短篇小说选》

莫泊桑与契诃夫是欧洲19世纪中短篇小说的最杰出的两位大师。莫泊桑受到他的导师福楼拜的影响，在小说的艺术技巧方面成就辉煌。莫泊桑小说的一大魅力是对生活细节的精心选择和高度简洁传神的描写。他的名篇《羊脂球》在这方面有突出表现。

17.《少年维特之烦恼》

歌德最伟大的著作是诗剧《浮士德》，这部著作使他成为与莎士比亚相比肩的伟大作家。但《浮士德》适合于在有了充分的文化准备之后再阅读。所以，我们向您推荐了本书。一个青年陷入爱情之后会变成什么样子，那种纯洁的痛苦，可爱的精神失常，深不可测的失恋的绝望，写这一题材没有任何一本经典小说能超过歌德的这本薄薄的小书。此书在"五四"时期就给当时的青年带来了长期的巨大震撼。

18.《西线无战事》

作者雷马克对世界文学的贡献就是对战争的残酷恐怖及战争对人的精神世界的挤压与扭曲作了深刻的描写，其真实的程度足以使我们把这部优秀的小说作为一份心理学报告来研究。

19.《卡夫卡小说选》

像很多文学艺术天才一样，卡夫卡性格孤独而敏感，生前寂寞而死后荣耀，他是20世纪西方现代文学极力推崇的开山祖师。最能代表卡夫卡的小说成就又好读的一些的作品是他的短篇小说《变形记》，把这部小说读五遍，再读卡夫卡的《饥饿艺术家》等短篇小说，然后再找一部卡夫卡的长篇来阅读，这样，进入卡夫卡的世界就会更容易一些。对于真正想了解文学而不仅仅想停留于消遣水平的读者，卡夫卡的小说是最值得推荐的书。

20.《生命中不能承受之轻》

米兰·昆德拉的代表作。写于1980年，在当代中国知识分子中有重大影响。知识分子中，非常流行的"媚俗"概念就是由这本书引发的。昆德拉的小说把空灵的诗意，哲理的探索，与形象化的情节融合起来，创造了一种新的小说风格。取得世界公认的成就，不只一次获诺贝尔文学奖的提名。昆德拉的书，对于缺少理论素养和对西方现代文学的基本了解的人并不好读。但一旦读通，你就会发现一个全新的世界，原来小说还可以这样写。

21. 《死魂灵》

俄罗斯在不到 200 年的时间里，贡献出了一批世界级的大作家。而果戈里是普希金之后的又一位文学大师。他的长篇小说《死魂灵》、剧本《钦差大臣》和短篇小说《外套》是世界讽刺文学中的典范。一系列或愚蠢或狡猾或贪婪的地主与官吏的形象，构成鲜明生动的果戈里人物画廊。果戈里对种种奴性的刻画对于封建传统长久的中国人来说，实在是太熟悉了。

【歇后语—艰难类】

一分钱的酱——难烩（会）

一元钱买担菜——两篮（难）

一餐吃个大胖子——谈何易

一面官司——不好打

一块硬骨头——不好啃

一碗水泼在地上——难收拾

一脚踩在桥眼里——上下两难

人心隔肚树隔皮——难相识

大海里捞针——不知从何下手

才学理发就碰上个大胡子——难理（提）

下雨天背棉絮——越背越重

下雨天担稻草——越担越重

马高蹬短——上下两难

小孩子上楼梯——步步都是坎子

小孩子喝烧酒——够呛

小鸡吃黄豆——够呛

无米之炊——难做

王胖子跳井——下不去

从手插进染缸里——左蓝（难）右也蓝（难）

水中捞月——无处寻

火烧岭上捡田螺——难得寻

乌龟摔在靛壳里——壳蓝（可难）

火钳子修表——没处下手

火烧辣椒——呛死人

乌龟爬泥潭——越爬越深

乌龟爬在门坎上——进退都要跌一跤

乌龟垫床脚——硬撑

水煮石头——难熬

生铁铸土地爷——硬神（撑）

鸟入笼中——有翅难飞

丝线打结巴——难解

羊头插在篱笆上——伸首（手）容易缩首（手）难

老母猪钻篱笆——进退两难

老鼠钻牛角——步步紧

老鼠碰见猫——难逃

西山出太阳——难得

百岁养儿子——难得

地狱里活命——难见天日

竹山里试犁——寸步难行

冷锅煮雪——难溶

沙滩上行船——进退两难

两手提篮——左篮（难）右也篮（难）

苏州的蛤蟆——南蟾（难缠）

针尖上落芝麻——难顶

泥塘里滚碓臼——越滚越深

武大郎上墙头——上得去，下不来

肩膀上生疮——不敢担

岩缝里的笋——挟得紧紧的

前有狼后有虎——进退两难

烂泥路上拉车——越陷越深

挂着腊肉吃斋——难熬

赵匡胤爬城墙——四门无路

哑巴吃黄连——有苦难言

香棍搭桥——难过

拳头春辣椒——辣手

高梁秆子担水——挑不起来

热锅上的蚂蚁——走投无路

赶鸭子上架——难呀

脑袋长瘤子——后面负担重

婆婆太多——媳妇难当

麻雀抬轿——担当不起

菜勺挖耳朵——下不去

黄鼠狼带牛铃——叮当（担当）不起

脚板上锭钉——寸步难行

鱼网里的山鸡——有翅难飞

筛子眼里夹的米——上不去也下不来

絮被上捉虱子——翻不尽

碓窝子做帽戴——顶（担）当不起

嗓子里撒把胡椒粉——够呛的

筷子搭桥——难过

筷子穿针眼——难进

榨油房里的铁圈——箍得梆梆紧

墙头上睡觉——翻不了身

鼻孔喝水——够呛

橄榄核垫台脚——横不得，竖不得

瘸子下山——这步容易下步难

骑在虎背上——即上难下

螺蛳壳里做道场——难

癞蛤蟆垫桌子角——死撑活挨

篾匠赶场担一担——前后为篮（难）

豆腐干——压成的

河中间斩竹篙——两头不到岸。

【歇后语—见识类】

土地庙里的菩萨——没有见过大香火

井底下的青蛙——只看见簸箕大的一块天

从门逢里看大街——眼光太窄了

坐井看天——见识太少

眉毛上吊钥匙——开眼

蚂蚁爬槐夸大国——小见识

背着八面找九面——没见过十（世）面

眼睛看在鼻尖上——一寸光

老鼠子眼睛——一寸光

眼睛长在屁股上——只看见自己的一堆屎

管中窥豹——略见一斑

螺蛳壳里赶场——地方太狭小了

【歇后语—焦急类】

上午栽树，下午取材——心太急了

王八肚子上插鸡毛——龟（归）心似箭

手榴弹的脾气——一拉就火

牛踩瓦泥——团团转

火烧到额头——迫在眉睫

火烧湿竹子——直爆

火绒子脑袋——沾火就着

灯盏无油——火烧芯（心）

没有庙会了——别挤（急）

扭紧了发条的闹钟——憋得足足的

油锅里煮豆腐——越煮越燥

炒虾等不得红——真性急

拔苗助长——急于求成

到水边才脱鞋——事到临头

狗等骨头——急得很

兔子上树——赶急了

说着风，便扯篷——太性急了

热锅上的蚂蚁——急得团团转

吃了青椒烤火——里外发烧

赶水牛上山——逼到头上了

晒干的爆竹——有火就大叫

着火挨板子——两头发烧

阎王搓麻绳——结（急）鬼

船上失火——急坏岸上人

椅子底下着火——烧着屁股燎着心

硫磺脑袋——沾火就着

腊月里打赤膊——心火太重

筒车打水——团团转

滑了牙的螺丝——团团转

十五个吊桶打水——七上八下

【歇后语—骄傲自大类】

丈八的灯台——照见人家照不见自己

土地菩萨打哈欠——神气

飞机尾巴——翘得高

山中无老虎——猴子称霸王

手电筒——专照别人，不照自己

头顶上长眼睛——旁若无人

头顶生目，脚下生手——眼高手低

龙王爷打哈哈——看你这般神气

关上门做皇帝——自尊自大

孙悟空当齐天大圣——自封为王

寿星老爷卖妈妈——倚老卖老

泥牛掉在河里——架子不倒

空棺材出殡——木（目）中无人

驼子翻筋头——两头翘

参天大树——高不可攀

城门楼上挂狗头——架子大

脑门心长眼睛——望天

猫尾巴——越摸越翘

裁逢师傅的尺——只量别人

喜鹊尾巴——老翘着

瞎子坐上席——目中无人

鲢巴头鱼——脑壳大

戏台上喝彩——自吹自擂

飞蛾扑火——自取灭亡

【歇后语—揭露类】

马尾丝拴饺子——提就露

水边放岩炮——无处藏身

半天云里跑牲口——要露马脚

皮匠栽跟头——露了楦头

此地无银三百两——不打自招

竹笼抬猪——露蹄了

秃了头上的虱子——藏不住

纸里裹火——藏不住

纸老虎——就穿

纸糊灯笼——就穿

狗戴箩筐——藏头露尾

狐狸尾巴——藏不住的

烂颈蓑衣——披不得

柳藏鹦鹉——语方向

荆柯刺秦王——图穷匕见

被窝里的事体——瞒不住

破饽饽——露馅了

破帽——露头了

雪里埋人——久后分明

雪隐鹭鸶——飞始见

野猪的獠牙——包不住

提着影戏人上场——好歹别说这层纸

筛子做门——难遮众人目

【歇后语—进步类】

大姑娘送郎——老走在前面

土枪换大炮——闹粗了

王胖了的裤带——前松后紧

水到屋边帆到瓦——水涨船高

芝麻开花——节节高

吕洞宾打摆子——颤仙（占先）

泥鳅上水——争先恐后

卒子过河——有进无退

卒子走路——有进无退

青出于蓝而胜蓝——后来居上

草鞋无样——边打边象

倒吃甘蔗——一节更比一节甜

脱了旧鞋换新鞋——改鞋（邪）归正

脚踏楼梯——步步升高

落水麻绳——先松后紧

暑天里的温度计——直线上升

短杜的秤——上升得快

矮子上楼梯——步步升高

墙上栽花——高种（中）

鞋帮做帽沿——高升

鲤鱼跳龙门——高升

磨子上睡觉——想转了

矮子放风筝——节节高

【歇后语—决心类】

三十年守寡——老等着

不见棺材不下泪，不到黄河心不甘——死心塌地

木匠的斧头——方头扁嘴铁心肠

见了棺材不落泪——硬心肠人

过江烧船——断了后路

过河拆桥——不留后路

吃了秤砣——铁了心肠

张飞吃秤砣——铁了心

肚脐上面巴膏药——贴（铁）了心

项羽攻秦——破釜沉舟

蚂蚁啃骨头——慢慢来

蚂蚁搬泰山——下了狠心

胸前挂擂棒槌——杵了心

铁棒磨成针——全靠功夫深

麻油苏豆腐——下了大本钱

绸子揩屁股——不惜代价

韩信打赵国——背水一战

隔墙撂肝肠——死心塌地

舅老爷请春客——奉陪到底

鲤鱼吞秤砣——铁了心

【歇后语—空虚类】

一双皮手套——十指尖尖肚里空

一颗心悬在半天里——上不了天，落不了地

三条腿的长凳——不稳

大肚子不养孩子——尽背虚名

飞机打飞机——空对空

飞机上吊螃蟹——没处落脚

山中竹笋——嘴尖皮厚腹中空

云端里跑马——脚底空

水上浮萍——没生根处

牛皮鼓——声大腹空

半天云里挂帐子——落不得脚

半空里翻跟头——不着实地

正月的萝卜——空了心

四金刚腾云——悬空八只脚

架上的丝瓜——越老越空

朽木搭楼房——不稳

沙滩上起楼房——不稳

床上起塔——底子空虚

豆腐垫脚——做浮事

纸元宝——内里空

纸糊的人物——全身皆空

九两线织匹布——想的稀奇

韭菜打汤——满锅漂

修手表的借火钳——夹（架）子大了无用

高粱秆做眼镜——空架子

站在竹筒上——空虚

塘里的浮萍——生根不落地

墙头上栽葱——扎不了根

墙上芦苇——头重脚轻根底浅

睡鞋——底软

【歇后语—苦闷类】

小豆子拌干饭——闷起来了

半夜翻箱子——想不开

打掉了牙往肚里吞——有苦现不出

老太太吃粘糕——闷口了

老婆婆的脚趾头——窝囊一辈子

饭甑里蒸黄连——苦闷

岩缝里的笋子——憋出来的

金针落海——无出头之日

黑灯笼里点蜡烛——有火发不出

和影子交朋友——十分孤单

【歇后语—浪费类】

八十岁婆婆拜堂——空费一对蜡烛

墙嘴上抹石灰——白刷（说）白画（话）

挑着棉花过刺林——走一步挂一点

城隍老爷戴孝——白袍（跑）

拿着豆腐去垫台脚——不顶事

【歇后语—理睬类】

十月间的桑叶——谁人采（睬）你

大水冲了龙王庙——一家人不识一家人

大水冲了观音菩萨——流（留）神

六月间的火炉——谁想你

扫把打钟——响（想）也不响（想）

戏台上喊阿爸——应的人多

自行车下坡——不踩（睬）

纺丝桌面——布里（不理）

隔日的船票——订（盯）上了

隔着长江扯媚眼——谁理睬你

【歇后语—欺软类】

八哥吃柿子，雷公打豆腐——捡软的欺

叫化子失了棍子——狗欺

老太太吃柿子——专拣软的拿

鳅鱼的本领——专往软处钻

【歇后语—奇巧类】

一把钥匙开一把锁——配好的

土地喊城隍——神呼（乎）其神

六月里吃萝卜——图新鲜

六月烤火炉——在奇不在暖

开园菜——新鲜

见骆驼说马肿——少见多怪

打灯笼走铁路——见轨（鬼）

巧他爹打巧他哥——巧上加巧

冬水田里种麦子——怪栽（哉）

刘老老进大观园——看的出神

过滤了的空气——新鲜

和尚不吃豆腐——怪斋（哉）

城隍菩萨的马——不见骑（奇）

做贼的遇见截路的——赶巧了

葫芦藤上结南瓜——没见过的事

黑老鸦白脖子——新鲜样

腊肉打汤——图新鲜

大姑娘的荷包——花样多

瞎子寻了个没眼的——赶巧了

【歇后语—起作用类】

土地爷坐铜棍——钱可通神

水缸里养鱼——保活不保长

中药铺里的甘草——用途广

乌龟抬轿子——硬扛

打针拔火罐——当面见效

冬天火炉夏天扇——人人用得上

过河的卒子——当小车

吃猪血屙黑屎——马上见效

当了将军——就得传令

没有翅膀的鸟——不能高飞

玩具店的枪炮——中看不中用

顺风耳——听得远

顺风吹火——用力不多

秤砣虽小——能压千斤

脑袋上长瘤子——额外负担

银样枪头——中看不中用

裁缝师傅手忙——穿针引线

短杆子秤——起（启）发得快

塘里无鱼——虾子贵

锯子锯掉烂木头——摧枯拉朽

【歇后语—谦虚谨慎类】

孔夫子搬家——尽是输（书）

手拿鸡蛋走路——特别小心

司马夸诸葛——甘拜下风

庙里的菩萨——从来不出门（名）

拉马不骑——过牵（谦）了

拽着胡子过河——牵须（谦虚）过渡（度）

胡子上套索子——自牵（谦）

独眼龙看书——侧目而视

麻子照镜子——自我观点

【歇后语—亲密类】

千里寄鹅毛——礼轻情意重

水里的蚂蟥——粘上便难脱

水桶上安铁箍——难分难解

刘备对诸葛——无话不说

吃稀饭泡米汤——清（亲）上加清（亲）

两个哑巴亲嘴——好的没话说了

油盐罐子——形影不离

穿了一条连裆裤——错，错在一起；好，好在一起

酒店里寻宿处——篓（搂）上睡

荷花结子——心连心

壁上挂的春牛——犁（离）不得

【歇后语—勤劳俭朴类】

门背后的扫帚——专拣脏事做

开山平地——积少成多

乌龟变黄鳝——解甲归田

抹桌子的布——专拣脏事做

挑水带洗菜——两得其便

要饭的借算盘——穷有穷打算

哑巴讲话——靠手做

蚂蚁的腿——勤快

种姜养羊——本少利长

拳不离口，曲不离口——练出来的

铁匠的工具——自已打的

黄牛婆拉耙——尽力来

常用的铁具——不生锈

勤劳的蜜蜂——闲不着

劳劳碌碌的蜜蜂——甜头给了别人

瞎子打草鞋——摸也摸熟了

瞎子走路——不分日夜

瞎子弹琴——手熟

捡来的麦子打烧饼卖——没本净利

【歇后语—清楚明白类】

一雷天下响——处处皆知

十字街口告示——众所周知

大年三十吃肉——还用你说

小葱拌豆腐——一青（清）二白

心里开个窗户——明白了

天明下雪——明白

水晶棺材——透明

手心里的虱子——明摆着的事

石灰窑里装电灯——更加明白

司马昭之心——路人皆知

电灯照雪——明明白白

西瓜子拌豆腐——黑白分明

豆腐炒韭菜——一青（清）二白

豆腐煮猪血——黑白分明

苍蝇落在饭碗里——黑白分明

秃子头上的虱子——明摆着

浅碟子装水——一眼看到底

单眼看老婆——一目了然

画匠不给神作揖——知道你是哪块地里的泥

周文王请姜太公——尽找明白人

浊水里放明矾——看得见底

玻璃菩萨——神明

疾风知劲草——日久见人心

萤火虫的屁股——亮通通的

蜈蚣吃萤火虫——心里明白

【歇后语—清闲类】

三月鸭蛋——净咸（闲）

三条泥鳅夹两条给猫吃——图耳边清静

大头鱼剁了脑壳——咸身子

大河里洗煤炭——闲得没事干

六月间的庙堂——鸦雀无声

孔夫子的徒弟——贤（闲）人

阴天打孩子——闲着也是闲着

喝盐开水聊天——净讲咸（闲）话

盐店里的老板——咸（闲）人

盐坛子里装个鳖——咸圆（闲员）

【歇后语—热闹类】

田鸡婆过垅——好热闹

戏台下开铺——图热闹

戏台上看火——热火加热火

金钢钻包饺子——热闹得钻心

烧开了的水——沸腾起来了

半路上留客——口上热闹

隔岸观火——看热闹

粥铺里买卖——热闹一早晨

喝米汤猜拳——图热闹

端午节的黄鱼——在盛市上

【歇后语—热情大方类】

六月里穿毛衣——热心

六月天吹南风——热对热

田里的甘蔗——副甜心肠

包被子面洗脸——大方

灶上的蒸笼——热气可高呢

洋人放屁——客气

喝多了滚开水——热心

【歇后语—人称类】

三十年开花，四十年结果——老果果（哥哥）

小车子不抹油——干耳（儿）子

小蝈蝈——大肚子

木棍钉在墙上——大小算个橛（爵）

冬瓜上霜——白胡子老汉

荒坡上的枣子——小核（孩）

园外竹笋——外生（甥）

刺芭林的斑鸠——咕咕（姑姑）

凉水和面——就就（舅舅）

袖里点灯——小伙子

猪蹄子不放盐——淡脚（旦角）

【歇后语—任人摆布类】

二姑娘拜年——只有你的席坐，没有你的话说

大路边上的驴——谁爱骑谁骑

大路边上的电杆——靠边站

上了套子的猴子——由人玩耍

上绑的猪——捆起来了

木偶戏子的脑壳——随摆

木偶表演——任人摆布

手板心的小——要你活就活，要你死就死

牛拉磨子——上了圈套

龙灯的脑壳——任人摆布

田坎上种黄豆——靠边站

老牛死了——任剥

吊桶在你井里——由你做主

舌头无根——随人转

灯草拐杖——做不得主

鸡毛遭风吹——身不由主

低个子看戏——随上人家说

洗脸手巾——老是提着

染匠下河——摆布

青少年应该知道的语文知识

橱窗里的东西——任人摆布

砧板上的鱼——任人宰割

砧板上的鱼——任人解剖

耕田的牛——被人牵着鼻子走

铁路上的车站——靠边站

骑在老虎身上——身不由已

棕树的一生——任人千刀万剐

新媳妇下花轿——任人摆布

端别人的碗——服别人的管

榨油房的尖——专门挨打

嫩牛拖犁耙——不打不跑

磨道的驴——听喝的货

癞蛤蟆作垫脚岩——任爬

毽子——净在人脚上踢着玩

【歇后语—认真负责类】

一根头发分八瓣——细得很

二两棉花一张弓——细弹（谈）

丁是丁，卯是卯——办事认真

七姐逢嫦娥——仙（现）对仙（现）

三块铜板摆两处——一是一，二是二

三根毛搓绳子——好细

大脖子的人穿衣服——一套一套的来

大店里卖钵子——一套一套的来

天上选县长——管得宽

火铲当锣打——小事大办

打灯笼做事——照办

扑在床上数蚂蚁——从床（长）计蚁（议）

世界地图吞在肚里——胸怀全球

江边洗萝卜——一个个来

鸡毛当令箭——轻事重报

刘备请诸葛——三顾茅庐

老母鸡生蛋——尽力量

竹板弓——一个劲

吃多了腌鱼——净（尽）管咸（闲）事

抓着荷叶摸藕——追根到底

张飞穿针——粗中有细

泥水匠无灰——砖（专）等

狗捉老鼠——好管闲事

穿钉鞋走泥路——把稳做事

闷心人做事——使暗劲

要甜的拿糖碗，要酸的拿醋碗——一行是一行

诸葛亮当军师——名副其实

鸭子凫水——暗中使劲

铁路上的警察——各管一段

麻雀开会——细商量

湖广总督——管两省

裁缝师傅戴眼镜——认针（真）

瞎子跟绳走——摸索

瘸子担水————一步步来

篱笆爬竹竿————一节一节来

【歇后语—容易类】

牛角上挂把草——捎带不费力

火烧灯草————一点就燃

沙土地里的萝卜————一带就来

床头上拾钱——不用弯腰

两个小孩子抬一根野雉翎——压不着

秃子当和尚——不费手续

卖肉的切豆腐——不在话下

驼子作揖——起手不难

和尚头上的虱子——好捉

药店里的甘草————一抓就到

顺水推舟——不费力

起重机吊鸡毛——不费吹灰之力

蚯蚓吃土——开口就是

衙门的钱，下水的船——来得容易

鼻涕往嘴里滴——顺势

磨房里的将军柱——总归碰得着

【歇后语—少慢差费类】

一个巴掌拍不响——孤掌难鸣

一个跳蚤顶不起一床被盖——独力难撑

一上一得一——独子一个

一只筷子吃面——独挑

一分钱买十一个——分文不值

一块湿柴——再点火也烧不起来

一碗米打粑粑——能有几个

一脚盆田螺——没有一个脑壳

一篮鸡蛋滚下坡——没有一个好的

三十夜熬稀粥——不是过年的样子

三人两根胡子——稀少

大头猫作揖——老虎拜

飞机上钓鱼——差远了

小炉匠的家私——破铜烂铁

山上的蘑菇——独根

六月天的雨——有回数

天官的衣服——麻布里子

书生赶牛——慢慢来

水道口贴对联——门头不高

牛踩烂泥路——越踩越糟糕

闪电神流鼻涕——越大越邋遢

青少年应该知道的语文知识

打鱼的网——百孔千疮

出了题就交卷——早稿（糟糕）

冬瓜里生蛆——肚里烂出

讲话没人听，说话没人信——光杆司令

老牛拉破车——慢腾腾的

老狼做生意——没有好货

老婆婆喝豆浆——好吸（稀）

西瓜皮打掌子——不是正经材料

吃过晚饭赶路——越走越黑

沙滩上竖屋——基础太差

冷水泡茶——慢慢来

没有导火索的手榴弹——一块废铁

豆腐店里的东西——不堪一击

豆腐渣上船——不是好货

屁股上擦香油——不值一闻

纸补裤裆——越补越烂

泥人经不起雨打——本质太差

茅厕板作祖牌——不是正经材料

临阵磨枪——不快不光

草帽端水——零落又滴达

砍柴卖，买柴烧——尽做倒功

耗子尾巴上生疖子——出血（息）也不多

麻布上绣花——底子太差

麻柳树解板子——不是正经材料

蚯蚓变蛟——纵变不高

裁缝师傅包脚布——不是正经材料

蜗牛赛跑——慢慢来

墙上的日历——一天比一天少

箩框里选瓜——越选越差

懒婆娘接生——慢慢来

墨汁煮元宵——漆黑一团

鲢鱼的胡子——没几根

霜打的麻叶——蔫蔫的

歇后语—生气类

三个鼻孔眼——多出你这口气

六月里反穿皮袄——里外发火

王八钻火炕——连憋气带窝火

火药碰火柴——好大的火气

对着坛子放屁——憋气

四个鼻孔烂了三个——留下一个出气

发了酵的面粉——气鼓鼓的

老鸭公想唱戏——喉咙不争气

老鼠掉进面缸里——瞪白眼

买了罐子打了把——别提了

张飞穿针——大眼瞪小眼

肩膀上放灯笼——脑（恼）火

抱鸡婆扯媚眼——两眼一翻

孟良摔葫芦——火啦

剃头匠说气话——舍得几个脑壳不要

面孔上涂了浆糊——绷紧

香炉前打喷涕——扑一鼻子灰

借米还糠——气鼓气胀

猪尿泡打人不痛——有些气胀

筛子罩锅子——出气眼多

漏了气的汽笛光——冒气不吭声

算命先生说气话——舍得几条命不要

打破纸灯笼——一个个眼里有火

瞎子熬糖——老（恼）了火

癞蛤蟆垫床脚——鼓起一肚子气

癞蛤蟆上蒸笼——气鼓气胀

猪八戒咬牙——恨猴儿

【歇后语—失败类】

一着不慎——全盘皆输

千百年道行——被一棒结束了

木头人投河——不沉（成）

孔夫子的褡裢子——尽是书（输）

孔夫子的行李——尽书（输）

毛八的弟弟——毛九（没救）

石子砌烟囱——不会成功

外婆死了崽——歿舅（没救）

戏台上的垛口——布城（不成）

竹子开花——要败了

秀才房里——尽是书（输）

抱着脑袋赶老鼠——抱头鼠窜

图书馆里的家当——尽是书（输）

狗熊挨打——要坏了

侄戴孝帽——死叔（输）

肥皂泡——不攻自破

俏大姐的油头——梳（输）得光光的

唐山的火车——倒煤（霉）

老鼠啃猫鼻子——盼死等不到天亮

黄泥巴落在裤裆里——不是屎（死）也是屎（死）

做贼的跑到书房里——都是书（输）

强盗打官司——场场输

强盗进学堂——碰到的都是书（输）

跛脚马上战场——有死无活

新华书店买纸——包书（输）

螳螂挡车逞霸道——没有好下场

【歇后语—施展不开类】

门角落打拳——兜不开势

大马拴在门框上——有力无处使

大水牯掉进水井里——有力无处使

大花篮提水——有力使不上

上了岸有船——撑不动

水牛吃活蟹——有力无处下

左手写字——格外别扭

水牛追兔子——有力使不上

阴沟里撑船——施展不开

没骨架的伞——支撑不住

床底下放风筝——再高也有限

床底下练武——施展不开

鸡窝里打拳——小架式

夜壶里洗澡——扑通不开

树林里放风筝——缠住了

屋里风筝——飞不高

两腿穿到一条裤管时里——蹬不开

猴子打拳——小架式

锅缸里使锤——不能用力

歇后语—是非不分类

见到胡子就是爷爷——不辨真假

公说公有理，婆说婆有理——难分辨

牛奶拌墨汁——混淆黑白

戏台上打架——不知真假

两个哑巴吵嘴——不知谁是非

河中摸鱼——大小难分

茄子炒胡瓜——不分青红皂白

狗吃猪屎——不分好坏

隔山买牛——不知黑白

瞎子看书——观点不明

歇后语—损失类

一枪打死个苍蝇——不够火药钱

三国的蒋干——误事

上茅厕吃瓜子——进的少出的多

为个虱子烧皮袄——值不得

瓦上晒黄豆——十有九跑

乌龟吃大麦——糟蹋粮食

东吴招亲——吃亏只有一回

肉包子打狗——有去无回

抓了芝麻，丢了西瓜——因小失大

豆腐盘成肉价钱——划不来

走石灰路——白跑一趟

泥牛入海——有去无回

炒韭菜放葱——白搭

周郎妙计安天下——赔了夫人又折兵

舍命吃河豚——值不得

挖掉肉补疮——划不来

烧火棍打驴——剩了半截

耗子钻到书箱里——食（蚀）本

偷鸡不成反失把米——化不来

脱衣服烤火——做倒事

猴子掰苞谷——掰一个，丢一个

猴子看果园——越看越少

瞎子打灯笼——白费蜡

打烂缸子作瓦片——不合算

耗子窟窿——填不满

青少年应该知道的语文知识

【歇后语—贪图类】

一口吃十二个包子——好大的胃口

一嘴吞三个馒头——贪多吃不了

大车拉煎饼——摊（贪）得多了

小秃脱帽子——头明（图名）

小孩哭粑粑——要得整数

见了寿衣也想要——贪心鬼

衣食不愁想当官，得了皇帝想神仙——贪得无厌

有了一福想二福，有了肉吃嫌豆腐——贪得无厌

吝啬鬼天天捡钱还嫌少——不知足

坐着椅子叫使唤——享福

郎中开棺材店——死要钱

抱着元宝跳井——舍命不舍财

卖煎饼的说梦话——摊（贪）多了

狗吃牛屎——图多

贪婪鬼赴宴——没有饱足

猴子爬樱桃树——粗人吃细粮

屎壳郎进獾窝——钻大门儿

削尖脑壳——往里钻

饿汉嗑几个瓜子吃——太不过瘾

黄河看成一条丝——多大的心

眼睛生在额头上——好高

猫枕鱼头——不吃还捣两下

做梦当皇帝——心大

得陇望蜀——贪得无厌

馋鬼抢生肉——贪多嚼不烂

睡在棺材里伸手——死要钱

歇后语—特别突出类

人群里的秃子——头显眼

马褂上穿背心——隔（格）外一套

出头的橄子——先烂

白鹤站在鸡群里——突出亮天星子——显眼

破手套——露尖了

桌单盖牛背——露头角

脑壳上长头角——比别人出格

瞎子吸烟——摸灯（摩登）

羊群里的象——突出

兔子群里一只象——庞然大物

歇后语—挑剔惹事类

一只筷子吃藕——专挑眼

一跃上墙头——跳得高

六月的扇子——爱生风

六个指头抓脑壳——眼前尽是岔儿

无孔不入——专钻空子

木匠的锯——尖点子多

火车碰头——要出轨（鬼）

东岳庙走到城隍庙——横顺都闯鬼

发了疯的猴子——上窜下跳

青少年应该知道的语文知识

庆夫不死——鲁难未已

米筛子挡房门——眼多

杀鸡用牛刀——小题大作

没有规距——不成方圆

豆腐里找骨头——故意挑剔

鸡子打眼——钻蛋

杀鸡用牛刀——小题大作

鸡蛋里挑骨头——专找岔子

吹鼓手赶场——为了寻事

乱坟场里唱戏——闹鬼

肚子里玩杂戏——怪主意多

松香膏药——找毛病

茅厕缸里树旗子——蛆也想造反了

狗咬雷公——惹天祸

烂口袋滤豆腐——尽是渣（碴）子

要公鸡下蛋——故意刁难

屎壳郎搬家——不守粪（分）

眉毛上吊针——刺眼睛

捡田螺要好伴——莫把水搅混了

剧团里的笛子——心眼多

扇子一摇——生风（故意找麻烦）

眼畔上栽刺——扎眼

野蜂飞进鱼网里——专找空子钻

野猫子进宅——无事不来

脱掉裤子放屁——多此一举

棉花树上结了个大板栗——算它最硬

棺材里插棍子——搅死人

喉咙上使勺子——掏（淘）气

新摘的板栗球——刺多

燕口夺泥——无中觅有

壁缝里的风——到处钻

鳅鱼倒进红火锅——死蹦

鹭鸶腿上劈精肉——无中觅有

水银洒地——无孔不入

钱串子脑袋——见窟窿就钻

阎王吃糍粑——是鬼做的

猪八戒败了阵——倒打一耙子

落油锅的虾公——还想再蹦几蹦

歇后语—痛苦类

一桶开水烫在狗身上——遍体淋（鳞）伤

八十岁无儿——说不出老来苦

土杏儿——苦核（孩）儿

牛踩乌龟蛋——痛在心里

火烧眉毛——痛在眼前

乌龟生蛋——苦出来的

石匠的钢钎——挨打

老和尚的木鱼——天生挨打的货

灶上的抹布——酸甜苦辣尝尽了

苦瓜拌黄连——苦上加苦

苦瓜煮黄连——苦在一起了

茶太浓了——苦口

眉毛上吊苦胆——苦在眼前

哑子挨打——痛不可言

哑巴吃黄连——苦在心里头

黄瓜屁股——苦口

黄连水里泡竹笋——苦透了

黄连树上结苦瓜——一串串苦

和尚刻黄连——苦师傅

寿星刻黄连——苦老头

娃娃刻黄连——苦孩子

黄连树上挂苦胆——苦上加苦

檀木做的油尖——挨打

歇后语—投机取巧类

风吹墙头草——两边倒

老艄公撑船——见风使舵

站在旱地里聊天——讲干（奸）话

狐狸装猫叫——想偷鸡（投机）

南郭先生吹竽——滥竽充数

虾子钓鲤鱼——以小取大

黄鼠狼钻到鸡窝里——想偷鸡（投机）

属猴子的——见圈就跳

壁上的寒暑表——善于看气候

鹬蚌相争——渔翁得利

瘸子屁股——歪门邪道

歇后语—团结一致类

三个臭皮匠——胜过诸葛亮

千人同船——共一条命

同一个马鞍上的人——走的是一个方向

杨家将上阵——全家上马

油浇的蜡烛——一条心

柳条穿鱼——串连起来

蚂蚁拖蝗虫——齐心协力

蚂蚁抬虫子——大家都来

麻了打哈欠——全面动员

歇后语—外好内差类

马桶上插荷花——图外面好看

六月的包子——外面光华里面臭

打肿脸充胖子——外强中干

红漆马桶——皮面光

花手巾盖灯笼——表面好看里头空

纸老虎——外强中干

绣花枕头——一包糠

细糠做饼——好看不好吃

厨房里的灯台——外面好看灶里黑

新被面盖鸡笼——外面好看里面空

墙上画大饼——中看不中吃

歇后语—外行类

十二朋种竿头——外行

田坎上栽竿头——外行

现钱不抓——不是行家

和尚拜堂——全是外行

剃头的挖耳朵——外行

歇后语—完蛋类

二下五去三——一个不留

蛇吃棒子——直了脖子

蛇吃扁担——直了眼

火烧灯草——无救手

半身躺在棺材里——等死

东洋狼碰上海豹子——准完蛋

石头生病——无可救药

老虎进闸门——死路一条

老鼠钻牛角——已到尽头

年猪发瘟——顺头路

医生摆手——没治了

旱地的鱼遇天干——活不下去了

泄了气的皮球——蹦不起来了

油干灯草尽——完结

茅厕里开铺——隔屎（死）不远

兔爷洗澡——一滩泥

树倒猢猴散——彻底垮台

厕所里放火——烧屎（死）

肥皂泡遇风——一吹就破

秋后的马蜂——横行不了几时

秋后的蚂蚱——蹦不了几天

破风筝——抖不起来

老鼠钻牛角——已到尽头

鸭子吃田螺——眼朝上了

黄瓜篷抽了竹了——塌下来了

黄瓜拉秧——塌了架

黄瓜掉在粪堆里——不是屎（死）也是屎（死）

黄鼠狼钻灶火——毛干爪净

雪菩萨烤火——溶掉了

断了脚的螃蟹——不能横行了

霜降后的蚂蚱——蹦不了几天了

外甥打灯笼——照舅

【歇后语—枉费心机类】

大头蛆拱磨——白费力

大海捞针——枉费心

水豆腐反搭桥——枉费心机

对牛弹琴——白费劲

灯草搓绳，烂板搭桥——枉费心机

灯草织布——枉费心机

鸡吃闭口蚌——枉费心

肚痛埋怨灶神——空怪

担沙填海——枉费心

和尚头上放豆子——白费劲

临死打哈欠——枉张嘴

挑雪填井——枉费心

海底捞月——一场空

倒一箩黄豆不进耳朵筒——枉费心机

麻雀子摇枫树——白费劲

黄鼠狼拖猪——白费力气

青少年应该知道的语文知识

教菩萨认字——枉费心机

隔靴搔痒——白抓

锅子里炒石头——不进油盐

敲锣捉麻雀——枉费心机

蜡台头无油——空费心

瞎子看西洋镜——白费功夫

戴着碓臼唱戏——费力不讨好

歇后语—妄想类

一口吞个星星——想头不低

飞机上放大炮——空想

上天摘云——拟想

卢生享荣华——黄粱好梦

白天做梦——胡思乱想

白日作梦——痴心妄想

死马当活马骑——那是妄想

竹竿作枕头——空想

竹杆敲竹筒——空响（想）

泥鳅跳龙门——痴心妄想

枕头底下放罐子——空想

淳于棼大槐享富贵——南柯一梦

猪八戒做梦结婚——想得好

做梦吃糖——想得甜

做梦结婚——想得好

黑老鸦想在水里漂白——妄想

架楼梯上天——妄想

鹌鹑要吃红樱桃——想得好，吃不着

蜻蜓摇石柱——妄想

睡梦里捡钱——想得好

歇后语—威胁类

皮箩里洗虾子——一个也走不脱

老虎跟着狐狸走——狐假虎威

灯蕊吊颈——吓别人

坟头上耍大刀——吓鬼

杨六郎赦了杨宗保——被儿媳吓的

豆腐店里磨子——不压不做

坐汽车看风景——走着瞧

纸糊老虎——骇不倒人

抱着书本骑马——走着瞧

骑着毛驴看唱本——走着瞧

骑驴瞧帐本——走着瞧

骑马逛灯——走着看

道士吹海螺——唬鬼

棺材头上放爆竹——吓死人

躺着说话——不腰痛

歇后语—危险类

一根头发系石磨——千钧一发

刀口舔糖——危险

小刀哄孩子——不是玩的

切菜刀剃头——危险

老虎打架——劝不得

吕太后的筵席——这酒不是好酒

怀胎妇女过独木桥——挺（挺）而（儿）走险

鸡婆跳进火灶——不死也要脱身毛

泥菩萨过河——自身难保

独木桥上跑马——危险

耗子钻牛角——不死脱层皮

麻雀进了瞎猫口——不死也要脱身毛

琉璃碗里擂胡椒——险得很

猪八戒进汤锅——活要命

揪着马尾巴赛跑——悬

歇后语—稳当落实类

三个钱的豆腐脑——现成

三手指捡田螺——十拿九稳

大缸里掷骰子——没跑

大碗里装糍粑——稳稳当当

小马拴在大树上——牢靠

口袋里取糍粑——现拿

车干塘水捉鱼——一个也跑不了

水缸里抓鱼——跑不了

水缸里抓王八——手到擒拿

石头上长草——根底硬

关上门打狗——跑不掉

老牛拴在树桩上——跑不了

老婆婆摸鸡——终归有蛋

瓮中捉鳖——手到拿来

穿没底的鞋——脚踏实地

穿草鞋拿拐棍走泥路——稳稳当当

穿钉鞋拄拐棍——稳上加稳

神枪手打靶——十拿九稳

顺着道走——不用打听

顺着磨道找驴脚蹬——那很容易

顺藤摸瓜——跑不了

海底栽花——根子深

秤锤过河——不浮

铁头戴了钢帽子——保险得很

猫嘴里的老鼠——跑不了

笼子里走鸟——飞不了

跑了和尚跑不了庙——请你放心

跛子走路——一步步来

摸着石头过河——稳扎稳打

滚水泼老鼠窝——一个也跑不了

瞎子打架——抓住不放

瞎子劈材——斧斧在地

檀木雕的菩萨——灵是不灵，稳却稳当

歇后语—无动于衷类

一拳打在棉絮上——没一点反应

石头落水——沉没（默）

石头打汤——不进油盐

对牛弹琴——充耳不闻

冬瓜撞木鱼——响也不响

舌头伸进茶缸——不沾边

灯草打锣——不响（想）

冷水烫猪——不来气

冷水泡茶——不起色

青少年应该知道的语文知识

花椒树雕孙猴子——麻木不仁

秤砣掉进大海里——杳无音讯

秤砣落在棉衣上——悄无声息

徐庶进曹营——一言不发

铁锤打在橡皮上——不声不响

腊月里的豆腐——冷冰冰的

歇后语—无关要紧类

八月十五捉了个兔子——没你过节有你也过节

九牛一毛——微不足道

大树林里一片叶子——有你不多，没你不少

大江里一泡尿——有你不多，没你不少

木头上长疖子——无关紧要

打鱼人回家——不在湖（乎）

米烂在锅里——没关系

池塘里的泥鳅——翻不了大浪

灯草打人——不痛

灯草灰过秤——没分量

老鼠尾巴上生疱——肿也不显眼

两口子打架——不劝自了

沙包装酒——不在壶（乎）

虱子多了——不知痒

胖子的裤带——全不打紧

隔靴搔痒——无关痛痒

撕衣服补裤子——于事无补

【歇后语——无私无畏类】

开封府里的包公——铁面无私

开甑的蒸汽——直往上冲

木匠的刨子——爱打抱不平

太岁头上动土——敢犯强敌

半夜里打雷心不惊——问心无愧

豆腐堆里一块铁——算它最硬

舍得一身剐，敢把皇帝拉下马——无私无畏

铁人不怕棍——因为身子硬

路灯照明——公道

太平洋的海鸥——胆子大

电线杆上插鸡毛——好大的掸（胆）子

关公进皇宫——单刀直入

老虎嘴上扯胡子——好大的胆子

强盗手里抽刀——胆子大

丈二灯台——不自照

半夜里敲门心不惊——不做亏心事

桌子上放碗水——平坦

蜡烛一生——损了自己，照亮了别人

水里放屁——直往上冲

窑里的泥——越烧越硬

霜天的弓——越拉越硬

歇后语—希望类

十二神栽跟头——墨（默）倒（祷）

八十婆婆养崽——有盼儿

三十夜晚上盼月亮——没指望

三个菩萨烧两柱香——没得你的指望

大年初一吃豆腐——不想

子午卯酉——总有一天

马槽安盖子——要成人

井里行船——无出路

五更天出门——越走越亮

开会请了假——没出席（息）

水缸里的鱼——再游也有限

公鸡下蛋——没指望

乌龟扒门槛——但看此一番

布袋里装钉子——个个想出头

老太太哭女——没有盼儿了

老和尚点天灯——清洁平安

老和尚瞧嫁妆——今世休想

老鼠拖油瓶——好的在里面

老鼠拖葫芦——大的在后面

死了丈夫——没有喜（希）望

阴沟里的篾片——自有翻身之日

竹篙打水——后头长

河滩坪里的光子岩——总有个翻身的日子

苦海无边——回头是岸

往死胡同里钻——前途有限

扁担上睡觉——翻不了身

蚂蚁爬进簸箕——横顺都是路

老鼠钻牛角——再无出路

荷叶包圆钉——个个想出头

骨头里熬油——没有多大指望

秤钩打钉——只望直

麻雀子落在粗糠里——失望

菱角装在麻代里——个个想出头

推小车捡搭裢——有了盼

蛇钻竹筒——只一条路

悬崖勒马——回头是岸

崇祯爷殡天——盼谁谁不来，想谁谁不到

船头上跑马——前途有限

船头上跑步——无出路

塘里行船——无出路

鼻梁上架望远镜——眼光看得远

瞎子打灯笼——看不到自己的前程

瞎子打枪——无指望

歇后语—香甜类

五脏六腑抹蜜糖——甜透了心

冰糖蒸荔枝——甜上加甜

回炉的烧饼——不香甜

芝兰之香——格外香

韭菜包子——从里往外香

霜打的红柿子——甜透了

瞎子吃甘蔗——是甜货

甘蔗倒吃——节节甜

三分钱买烧饼看厚薄——小气得很

冷水烫鸡——一毛不拔

麦秆吹火——小气

屁股眼里栽葱——倒蒜（算）

佛爷脸上的金子——浅薄

佛面刮金子——刻薄

耗子钻油壶——有进无出

拿着镢头刨黄连——挖苦

缺口的镊子——一毛不拔

铁公鸡——一毛不拔

钻子上绑针——过小尖

雁过拔根翎——过客也不放松

孤儿院下棋棋——穷快活，穷作乐

兔子成精——比老虎还厉害

挨鞭子不挨棍子——吃软不吃硬

赶着王母娘娘叫大姑——想沾点仙气

给了九寸想十寸——得寸进尺

姑娘的线蛋子——有头绪

瘫子掉进烂泥塘——不能自拔

螳臂当车——不自量

赶脚的骑驴——只图眼前快活

糖面做娃娃——适甜人儿

赶车不带鞭子——光拍马屁

狗走千里吃屎，狼行千里吃肉——本性难移

赶着绵羊过火焰山——往死里逼

瘫子掉井里——捞超也是坐

赶鸡下河——往死里逼

阿斗当皇帝——软弱无能

赶着绵羊上树——难往上巴（扒）结

孤老头子光棍儿子——相依为命

狗嘴里丢骨头——投其所好

给下山虎开路——头号帮凶

花盆里的栽松树——成不了财

花公鸡上舞台——显显你的漂亮

剜草的拾了个南瓜——捡着大个的

催命鬼对阎王——一个比一个凶

狗咬屁股——肯定（啃腚）

什么喻在事情失败之后——想办法去补救

花旦带胡子——出也没有

望远镜看风景——近在眼前

绝户头得个败家子——明看不成器，丢又舍不得

街头上耍把戏——说得多

鸡给黄鼠狼拜年——自投罗网

苇塘里掰植子——撂倒在地

姑娘绣荷包——专心致志

狗咬日头——狂妄（汪）

姑娘爱花，小子爱炮——各有所好；各人所好

望风扑影——一场空（比喻毫无所得）

后娘打孩子——巴掌赶两鞋底

就着猪肉吃油条——腻透了

孤独的羔羊——无娘的崽

瞎子摸鱼——碰运气

蜗牛壳里睡觉——难翻身

蚊子叮鸡蛋——无孔可入

后脑壳上的头发——一辈子难见面

箍桶匠的本领——成人方圆

后娘打孩子——早晚是一顿

古董贩子——眼里识货

脚踩西瓜皮，手里抓把泥——溜二抹

惊弓之鸟——心有余悸

孤子遇亲人——喜出望外

黄连水喂婴儿——苦了孩子

按着牛头喝水——勉强不得

酱缸腌时子——亲（咸）肉一块

蚊虫遭扇打——吃了嘴的亏

火烧屁股——坐不住

蚊子咬人——全凭你一张好嘴

瞎子打瞌睡——不显眼

贾宝玉的通灵玉——命根子

狗嘴巴上贴对联——没门（无门）

王宝钏爱上叫花子——有远见

弯腰树——直不起来

赶集走亲戚——顺路的事

化成对的蝴蝶——比翼双飞

狗咬瓦片——满嘴词（瓷）

网里的鱼，笼中的鸟——跑不了

望乡台上看牡丹——做鬼也风流

斗败的公鸡——垂头丧气

蚊龙困在沙滩上——威风扫地

狗咬旗杆——不知高低

巍巍大山——永不动摇

瞎子吃核桃——砸了手

毽几毛——尽在钱在站着

瞎子戴眼镜——多余的框框

跤龙头上搔痒——溜须不要命

花生去皮——红人（仁）

皇上的旨，将军的令——一口说了算

虎嘴上拔毛——好人的胆子

猴子爬上樱桃树——粗人吃细粮

狗嘴里的骨头——没多大油水——油水不大

花被盖鸡笼——外面好看里头空

陌生人吊线——有眼无珠

惊蛰后的蜈蚣——越来越凶

鸡叫走路——越走越明

酒鬼喝汽水——不过瘾

拿个小钱当月亮——吝啬鬼

蒋干盗书——上了大当

黄连甘草挑一担——一头苦来一头甜

后脖子抽筋——耷拉着脑袋

狗咬尾巴——团团转

亡羊补牢——为期不晚

后娘的拳头——奏极了

王麻子吃核桃——里外出点子

王小二敲锣打鼓——穷得叮当响

王婆卖瓜——自卖自夸

蚊子衔秤砣——好大的口气

狗长犄角——装佯（羊）

古董店里的老板——眼里识货

蚊叮菩萨——认错了人

贾宝玉结婚——不是心上人

街道司衙门——唬得过谁

万丈悬崖上的鲜桃——没人睬（采）

蜗牛赴宴——不速之客

万岁爷的茅厕——没有你的份（粪）

狗咬粽子——解不开；不解

脚踏楼梯板——步步高升

贾府门前的狮子——死（石）心眼儿

胳膊折了往袖里藏——自掩苦处

脚底下踩棒槌——立场不稳

蚊子肚里找肝胆——有意为难

高粱地里栽葱——矮一截子

兔子吃提糕——闷日

河里拉屎——只有他（你）自己知道

矮子推掌——出手不高

棺材里放屁——臭死人

决堤的大坝——不敢当（挡）

高粱地里放鸟枪——打发兔子起了身

见人先作揖——礼多人不怪

兔子生耗子——一窝不如一窝

荷时上放秤砣——承受不了

棺材铺的生意——赚死人的钱

左耳朵进，右耳朵出——耳旁风

开水烫泥鳅——看你怎么滑

地面上的水——哪里低往哪里流

砍了头的竹子——节外生枝

大路上的公鸡——绊脚石

自行车爬坡——推一步走一步

酱缸打破——架了还在

脚盆里撑船——内行（航）

蚊打哈欠——口气不小

钢头戴铁帽——双保险

耗子爬竹竿——一节一节来

皇帝的祠堂——太妙（庙）

蚊子找蜘蛛——自投罗网

兔子下儿——与众不同

骨头埂在喉咙里——吞不下，吐不出

兔子驾辕午打套——乱套了

蜗牛赴宴——不速之客

脚盆里撑船——内行（航）

矮子坐高凳——够不着

脑壳上的头发——一辈子难见面

兔子见了鹰——毛了

姐妹俩出嫁——各人忙各人的

抽风的公鸡——鳌瞳歪歪道

周瑜的脾气——一急就上阵

棕树的一生——任人千刀万剁

开会呼口号——异口同声

周扒皮钻鸡窝——顾前不顾后

大家看电影——有目共睹

江边卖水——多此一举

坐飞机旅游——世界观

稻草人救火——自身难保

【歇后语—带"竹"的】

竹筒到水——咕咚到底

竹筒子倒豆——全抖露出来

竹笼里藏火炭儿——早晚要烧起来

竹筛子盛稀饭——漏洞百出

竹笋出土——节节高

竹丝编的背篓——眼多

竹枕头——内中空

竹子当鼓——敲竹杠

竹竿顶天——差一大截

竹扁担挑竹筐——碰上字家人

竹林里挂灯笼——高风亮节

竹篓捉鱼——逃不脱

竹篮打水——一场空

竹竿儿肚肠——直筒子

竹竿子上炕——横管

【关于"春"的歇后语】

白纸上写黑字——赖不掉；变不了；明摆着

百里奚（春秋时虞国大夫，后成为秦国左相）认妻——位高
不忘旧情

壁上的春牛——离（犁）不得；跟（耕）不得

踩虎尾，踏春冰——冒险

春蚕到死——丝方尽

春草闹堂——急中生智

春茶尖儿——又鲜又嫩

春江水暖——鸭先知

春苗得雨——正逢时

春笋破土——节节高；天天向上

春天的竹笋——节节向上；无依

画上的春牛——中看不中用

开春的柳絮——满天飞

开春的兔子——成群结伙

青少年应该知道的语文知识

【其他】

大姑娘坐轿——头一回

王婆卖瓜——自卖自夸

小和尚念经——有口无心

黄鼠狼给鸡拜年——没安好心

八仙过海——各显神通

老鼠过街——人人喊打

小葱拌豆腐——一清（青）二白

芝麻开花——节节高

十五个吊桶打水——七上八下

擀面杖吹风——一窍不通

亚茂整饼——无个样整个样

阿崩叫狗——愈叫愈走

狗咬吕洞宾——不识好人心

黄皮树了哥——唔熟唔食

姜太公钓鱼——愿者上钩

刘备借荆州——有借无还

沙土井——掏不深

沙里淘金——有不多

沙漠里踩高跷——不是路

沙漠里撵小偷——跟踪追击

沙子筑坝——一冲便垮

沙瓤西瓜吃到嘴——甜到心上

沙坝上写字——要不得就抹

沙丘的家——不定

沙锅里炒胡豆——抓不开

沙滩上行船——进退而难

沙土井——淘不深（比喻进行不了，深入不进去。）

沙漠里烤火——就地取材（柴）

沙漠里的水——点滴都可贵

沙滩上走路——步一个脚印

沙滩上盖房——根基不牢

沙和尚挑行李——义不容辞

钉木鞋使锥——多余

钉掌的敲耳朵——离题（蹄）太远

钉钉子垂了手——敲不到点子上

杀猪的刀——要快

杀猪用铅笔刀——全凭诀窍

杀猪割耳朵——不是要害

杀猪开膛——搜肠刮肚

杀猪不褪毛——先吹起来看

杀猪捅屁股——各有各的刀路

杀猪的遇到拦路——都有家伙

杀猪不吹——蔫退（火退）

杀猪分下水——人人挂心肠

杀人不见血——阴毒

杀人的偿命，借债的还钱——应该

杀鸡的刀子——派不上大用场

青少年应该知道的语文知识

杀鸡用牛刀——小题大作（比喻把小事当作大事来处理。含有不值得的意思。）

傻子捡柴火——就认准这条道儿

傻子睡凉炕——全凭火气壮

傻子中状元——难得

傻大姐弹竖琴——不知道拔哪根弦

傻大姐的画——图赖

傻大姐下棋——见一步走一步

傻大姐唱歌——太离谱

筛子脱坯——不妨（方）

筛子装水——漏洞多

筛子装水——漏洞百出

晒过的麻杆——宁折不弯

山上钓鱼——财迷转向

山猴子爬树——拿手的戏

山崖上滚鸡蛋——没有一个好的

山头上吹喇叭——名（鸣）声远扬

山中无老虎——猴子称大王

山西老乡——爱吃醋

山中的小溪——掀不起大浪

山鸡娶凤凰——不般配

山上的竹子——内部空虚

山上溜冰——滑坡

山差别额头的肉——没有多少油水

山洪冲石子——不滚也得滚

山间竹笋——嘴尖皮厚腹中空

山要崩拿绳子箍——杠费心机

山顶上打井——徒劳无益

山羊野马在一起——不合群

山中的野猪——嘴巴厉害

山里红包粽子——没找（枣）

山坡上烤火——就地取材（柴）

山洞里开河——只进不出

山羊见了老虎皮——望而生畏

伤风鼻塞——嗅觉不灵

伤了皮毛——无伤大体

尚方宝剑在手——可以先斩后奏

上坟不带烧纸——惹祖宗生气

上了羁绊的骡子——踢打不开（比喻应付不了。）

上山背毛竹——顾前不顾后（比喻考虑不周到。）

上天的气球——飘飘然

上膛的子弹——一触即发

上满了发条的钟表——一分一秒不休息

上帝的父亲——天知道是谁

上吊的遇上济公——想死死不了

上天的风筝——靠人牵线

上街买萝卜——要的心里美

早禾望白撞，晚造望秋霖

早禾须用早，晚禾不可迟。

有钱烧猪肉，无银腊田鼠。早起三朝当一日，早起三年顶一春。

伤筋动骨一百日——时间认为摔坏了筋骨不容易痊愈（一百天是大约数）。

早造生水，晚造生泥——早造水稻要多放水保温，晚造则不需多水。

早晚时价不同

早晚冷，晏昼热，要落雨半个月。

回南转北，冷到口唇黑。

众牛瘦，众屋漏——公物使用的人多，保养、维修的人少，极易损坏。

竹门对竹门，木门对木门

财到光棍手，有去无回头。

自身唔正，教人唔听

早造有底，晚造有禾

行行企企，食饭几味

行运一条龙，失运一条虫。

行船争解缆，买卖占先头——很多船泊在一起。开工了，谁先解船缆，将船开出，谁就占据了主动。借喻领先行动。

穷人思旧债（烂帐）——穷得实在没办法。比喻迫于无奈，违心的

郭子仪做寿——全家都上

华佗行医——名不虚传

王佐断臂——留一手

孙武用兵——以一挡十

司马昭之心——路人皆知

赵匡胤下棋——独一无二

姜太公钓鱼——愿者上钩

梁红玉击鼓——贤内助

诸葛亮用兵——虚虚实实

包公斩包勉——正人先正己

杨五郎削发——半路出家

赵子龙打仗——常胜

唐僧上西天——一心取经

韩信吹笛子——不同凡响

穆桂英挂帅——阵阵不乱

袁世凯做皇帝——短命

孔夫子搬家——尽是输（书）

鲁智深出家——无牵挂

林冲上梁山——官逼民反

周瑜打瞌睡——梦想荆州

老鼠过街——人人喊打

关羽失荆州——骄兵必败

早开的红梅——一枝独秀

砌墙的石头——后来居上

刘备借荆州——有借无还

张飞吃豆芽——狗嘴里吐不出象牙

青少年应该知道的语文知识

【对联的定义】

现代汉语词典上的释义是：写在纸上、布上或刻在竹子上、木头上、柱子上的对偶语句。

对联又称楹联，起源于桃符，是一种对偶文学，大致可分诗对联，以及散文对联，严格区分大小词类相对，可见称"对联起源律诗"是根本的错误。传统对联的对仗要比所谓的诗对联工整。随着唐朝诗歌兴起，散文对联，被排斥在外。

散文对联一般不拘平仄，不避重字，不过分强调词性相当，又不失对仗的对联。

【对联之格律】

对联源远流长，相传起于五代后蜀主孟昶。他在寝门桃符板上的题词"新年纳余庆，佳节号长春"，谓文"题桃符"（见《蜀梼杌》）。这要算我国最早的对联，也是第一副春联。（见《应用写作》1987年第1期《漫话对联》）

对联的正规名称叫楹联，俗称对子，是我国特有的一种汉语言文学艺术形式，为社会各阶层人士所喜闻乐见。对联格律，概括起来，是六大要素，又叫"六相"，分叙如下：

一是字数要相等。上联字数等于下联字数。长联中上下联各分句字数分别相等。有一种特殊情况，即上下联故意字数不等，如民国时某人讽袁世凯一联："袁世凯千古；中国人民万岁。"上联'袁世凯'三个字和下联'中国人民'四个字是"对不起"的，意思是袁世凯对不起中国人民。

对联中允许出现叠字或重字，叠字与重字是对联中常用的修辞手法，只是在重叠时要注意上下联相一致。如明代顾宪成题无

锡东林书院联：风声雨声读书声，声声入耳；家事国事天下事，事事关心。

但对联中应尽量避免"同位重字"和"异位重字"。所谓同位重字，就是以同一个字在上下联同一个位置相对。；所谓异位重字，就是同一个字出现在上下联不同的位置。不过，有些虚词的同位重字是允许的，如杭州西湖葛岭联：

桃花流水之曲；

绿荫芳草之间。

上下联"之"字同位重复，但因为是虚字，是可以的。不过，有一种比较特殊的"异位互重"格式是允许的（称为"换位格"），如林森挽孙中山先生联：：

一人千古；

千古一人。

二是词性相当。在现代汉语中，有两大词类，即实词和虚词。前者包括：名词（含方位词）、动词、形容词（含颜色词）、数词、量词、代词六类。后者包括：副词、介词、连词、助词、叹词、象声词六类。词性相当指上下联同一位置的词或词组应具有相同或相近词性。首先是"实对实，虚对虚"规则，这是一个最为基本，含义也最宽泛的规则。某些情况下只需遵循这一点即可。其次词类对应规则，即上述12类词各自对应。大多数情况下应遵循此规则。再次是义类对应规则，义类对应，指将汉字中所表达的同一类型的事物放在一起对仗。古人很早就注意到这一修辞方法。特别是将名词部分分为许多小类，如天文（日月风雨等）、时令（年节朝夕等）、地理（山风江河等）、官室（楼台门户等）、草木（草木桃李等）、飞禽（鸡鸟凤鹤等）等等。最后是邻类对应规则，即门类相临近的字词可以互相通对。如天文对时令、天文对地理、地理对宫室等等。

三是结构相称。所谓结构相称，指上下联语句的语法结构（或者说其词组和句式之结构）应当尽可能相同，也即主谓结构对主谓结构、动宾结构对动宾结构、偏正结构对偏正结构、并列结构对并列结构，等等。如李白题湖南岳阳楼联：

水天一色；

风月无边。

此联上下联皆为主谓结构。其中，"水天"对"风月"皆为并列结构，"一色"对"无边"皆为偏正结构。

但在词性相当的情况下，有些较为近似或较为特殊的句式结构，其要求可以适当放宽。

四是节奏相应。就是上下联停顿的地方必需一致。：如：

莫放春秋佳日过；最难风雨故人来。

这是一副七字短联，上下联节奏完全相同，都是"二——二——三"。比较长的对联，节奏也必须相应。

五是平仄相谐。什么是平仄？普通话的平仄归类，简言之，阴平、阳平为平，上声、去声为仄。古四声中，平声为平，上、去、入声为仄。平仄相谐包括两个方面：

（一）上下联平仄相反。一般不要求字字相反，但应注意：上下联尾字（联脚）平仄应相反，并且上联为仄，下联为平；词组末字或者节奏点上的字应平仄相反；长联中上下联每个分句的尾字（句脚）应平仄相反。

（二）上下联各自句内平仄交替。当代联家余德泉等总结了一套"马蹄韵"规则。简单说就是"平平仄仄平平仄仄"这样一直下去，犹如马蹄的节奏，如：

书山有路勤为径。

○○○●○○●

学海无涯苦作舟。

●●○○○●○

（○为平，●为仄。"学"字按《平水韵部》为入声）

对联平仄问题不是绝对的，在许多情况下可以变通。如对联中出现叠字、复字、回文、谐趣、音韵等等，可以视具体情况而定。有的因联意需要时也可以例外。

六是内容相关。什么是对联？就是既"对"又"联"。上面说到的字数相等、词性相当、结构相同、节奏相应和平仄相谐都是"对"，还差一个"联"。"联"就是要内容相关。一副对联的上下联之间，内容应当相关，如果上下联各写一个不相关的事物，两者不能照映、贯通、呼应，则不能算一副合格的对联，其至不能算作对联。

但对联的任何规则都有例外，"内容相关"也是如此。对联中有两类极特殊的对联。一是"无情对"，上下联逐字逐词对仗工整，但内容毫不相关（或有似是而非的联系），上下联联意对比能造成意想不到趣味性。如：

树已半寻休纵斧；

果然一点不相干。

上下联中，"树""果"皆草木类；"已""然"皆虚字；"半""一"皆数字；"寻""点"皆转义为动词；"休""不"皆虚字；"纵""相"皆虚字；"斧""干"则为古代兵器。全联以口语对诗句，更显出乎意料之趣味。

二是分咏格诗钟。上下联分别咏出不相干的两个事物；逐字逐词对仗工整；通过联意从某一点上把两件事物关连起来。分咏格诗钟有些类似无情对，还类似谜语，但不同点也很多，有兴趣的联友可作进一步研习。

青少年应该知道的语文知识

楹联强调内容相关，但又禁忌同义相对，称为"合掌"。所谓忌同义相对，指上下联相对的语句，其意思应尽量避免雷同，如"旭日"对"朝阳"、"史册"对"汗青"、"神州千古秀"对"赤县万年春"、"生意兴隆通四海"对"财源茂盛达三江"等，就属合掌。当然，个别非中心词语的合掌，或者合掌部分在联中比重很小，无伤大雅。

【对联之习俗】

春联

对联作为一种习俗，是中华民族优秀传统文化的重要组成部分。2005年国务院把楹联习俗列为第一批国家非物质文化遗产名录，有关介绍和评定文字如下：

楹联习俗源于我国古代汉语的对偶现象，西晋时期（290年左右），出现合律讲究的对句，可视为其形成的重要标志。在一千七百余年的历史传衍过程中，楹联与骈赋、律诗等传统文体形式互相影响、借鉴，历北宋、明、清三次重要发展时期，形式日益多样，文化积淀逐渐丰厚。楹联有偶语、俪辞、联语等通称，以

"对联"称之，则肇始于明代。

楹联以"副"为量词，一般以两行文句为一副，并列竖排展示，自上而下读，先右后左，右边为上联，左边为下联。楹联属格律文学，有种种讲究，但无字数和句数的限制，少则一字，多至千言。上下对举、字数相等、词性相同、平仄相对、辞法相应、节律对拍、形对义联是其文体特性，其中尤以声律的平仄与词性的对仗为关捩。楹联言简意赅，雅俗共赏，人称"诗中之诗"。

楹联以文字为内容、以书法为载体，制品种类繁多，包括纸裱、镜框、木刻、石刻、竹刻等。在楹联发展过程中，出现了大量的相关著述，各类楹联典籍数以万计。

楹联应用广泛，除名胜宫殿、亭台楼阁、厅堂书屋悬挂外，还广泛应用于节庆、题赠、祝贺、哀挽、陵墓等场合。依据功用之不同，它可分为春联、寿联、风景名胜联、自题联及各种技巧联等。

楹联习俗在华人乃至全球使用汉语的地区以及与汉语汉字有文化渊源的民族中传承、流播，对于弘扬中华民族文化有着重大价值。

对联习俗主要包括如下几种：

春联习俗。春联古称春贴，是一年一度新春佳节时书写张贴的一种时令对联。春联习俗起源于五代，至宋代已成形，明代已很普遍。在湖南，贴春联是春节文化中的一种重要习俗。春联具有祝颂性、时效性和针对性特点，并突出一个"春"字。

春联的种类比较多，依其使用场所，可分为门心、框对、横批、春条、斗方等。"门心"贴于门板上端中心部位；"框对"贴于左右两个门框上；"横批"贴于门楣的横木上；"春条"根据不同的内容，贴于相应的地方；"斗斤"也叫"门叶"，为正方菱形，多贴在家俱、影壁中。

婚联习俗。婚联是为庆贺结婚之喜而撰写对联，通常张贴于婚娶之家的大门、洞房门、厅堂或妆奁堂上。其内容多是对结婚双方的热情赞美和良好祝福，带有浓烈的吉祥、喜庆色彩。

寿联习俗。寿联是为过寿的人祝寿专用的对联，其内容一般是评赞过寿者的功业才能、道德文章、祝福过寿者多福高寿，美满幸福，具有热烈而庄敬的感情色彩。

挽联习俗。挽联，有的地方叫丧联，系由挽词演变而来，是一种人们用于对先人、死者表示缅怀、寄托哀思的对联。往往贴在门口、骨灰盒两侧、追悼会会场两侧、花圈上，一般用白纸配黑字，具有肃穆、庄严和沉痛的感情色彩。透过联语，唤起人们对死者的追念和尊敬之情。

【对联之起源】

哲学探源：楹联者，对仗之文学也。这种语言文字的平行对称，与哲学中所谓"太极生两仪"，即把世界万事万物分为相互对称的阴阳两半，在思维本质上极为相通。因此，我们可以说，中国楹联的哲学渊源及深层民族文化心理，就是阴阳二元观念。阴阳二元论，是古代中国人世界观的基础。以阴阳二元观念去把握事物，是古代中国人思维方法。这种阴阳二元的思想观念渊源甚远，《易经》中的卦象符号，即由阴阳两爻组成，《易传》谓："一阴一阳之谓道。"老子也说："万物负阴而抱阳，冲气以为和。"（《老子》第42章。）荀子则认为："天地合而万物生，阴阳合而变化起。"（《荀子·礼论》）《黄老帛书》则称："天地之道，有左有

右，有阴有阳。"这种阴阳观念，不仅是一种抽象概念，而且广泛地浸润到古代中国人对自然界和人类社会万事万物的认识和解释中。《周易·序卦传》"有天地然后有万物，有万物然后有男女，有男女然后有夫妇，有夫妇然后有父子，有父子然后有君臣，有君臣然后有上下，有上下然后有礼仪有所措。"《易传》中，分别以各种具体事物象征阴阳二爻。阴代表坤、地、女、妇、子、臣、腹、下、北、风、水、泽、花、黑白、柔顺等；与此相对应，阳则代表乾、天、男、父、君、首、上、南、雷、火、山、果、赤黄、刚健等。这种无所不在的阴阳观念，深入到了汉民族的潜意识之中，从而成为一种民族的集体无意识。而阴阳观念表现在民族心理上，重要的特征之一，就是对以"两"、"对"的形式特征出现的事物的执着和迷恋。"物生在两……，体有左右，各有妃藕。"

（《左传·昭公三十二年》）"天下的道路，只是一个包两个。"（《朱子语类》卷九十三）"成熟、新生，二者于义为对。对待之文，自太极出两仪后，无事无物不然；日用、寒暑、昼夜，以及人事之万有——生死、贵贱、贫富、尊卑、上下、长短、远近、新旧、大小、香臭、深浅、明暗，种种两端，不胜枚举。"（叶燮：《原诗》外篇）这种根源于阴阳二元论世界观偏爱成双结对的民族心理，是对偶句式得以产生并流行的深层原因之一。前人的许多论述，也注意到了这种联系。《文心雕龙·丽辞》：造物赋形，支体必双；神理为用，事不孤立。夫心生文辞，运裁百虑。高下相须，自然成对。……体植必两，辞动有配。……

语言寻根：一副标准的楹联，它最本质的特征是"对仗"。当它用口头表达时，是语言对仗，当它写出来时，是文字对仗。语言对仗的含义是什么呢？通常我们提到要求字数相等、词性相对、平仄相拗、句法相同这四项，四项中最关键的是字数相等和平仄相拗，这里的字数相等，不同于英语的"单词数"相等，其实质上是"音节"相等。即一个音节对应一个音节。在英语中，单词"car"与"jeep"在数量上是相等的，但音节不相等。而汉语"kǎchē"与"jīpǔ"，数量相等又音节相等。汉语之所以能实现"音节"相等，是因为汉语是以单音节为基本单位的语言。音节、语素、文字三位一体。汉语每个音节独立性强，都有确定的长度和音调，音调古有平、上、去、入四声，今有阳平、阴平、上声、去声四声，皆分平仄两大类。平对仄即谓相拗。这样，汉语的语素与语素之间（即字与字之间）就能建立起字数相等、平仄相谐的对仗关系。而英语中，即使事物的名称、概念能够相对，单词的数量和词性能够相对，两个句子的句式能够相对，但其音节长短不一，独立性弱，可自由拼读，又无声调，故无法相对。楹联大多数是写成文字，并且很多时候还要书写、悬挂或镌刻在其它建筑物或器物上。因此，楹联对仗的第二层即是所谓文字相对。文字相对意味着楹联不仅是语言艺术，又是装饰艺术。作为装饰艺术的一副楹联，要求整齐对称，给人一种和谐对称之美。汉字又恰好具备实现整齐对称的条件，它是以个体方块形式而存在的，方方正正，整整齐齐，在书写中各自占有相等的空间位置。它具有可读性，又具可视性。其方块构形，既有美学的原则，又包含着力学的要求。它无论是横写与竖排，都能显得疏密有致，整齐美观。而英文呢，它是拼音文字，每个单词长短不一，只表音，不表义，更无可视性，只能横排，不能竖排，无法从形体上实现真正的对称。下面试举两个意思相同的中英文对偶句进行比较，以进一步说明为何只有汉语才有真正的对仗，而英文和其他拼音文字则不能。

英文：（莎士比亚名言，按楹联形式排列）

中文：

构佳思；

写妙句。

英文"上、下联"单词数相等、词性相同、句式也相同，但音节不相等。读起来，因其无声调，上下联都是一个声音面貌，没有平仄相间带来的抑扬顿挫。至于书写上，"下联"比"上联"少了两个字母的位置，故全不对称。读者或许会想，能不能找出和写出一个英文对偶句，在单词数相等、词性相同、句式相同的基础上音节也相等，书写空间（字母数相等）也相等呢？不能说绝对不能，但因英文的音节、文字、语素不是三位一体的，实际操作起来只能是顾此失彼，即使莎翁这个对偶句，在英语中都是极其罕见的。而中文的"构佳思；写妙句"情况就不同了。你看，字数相等，词性相同，句式相对，音节相等，平仄基本相谐，书写起来则完全整齐对称。因此，英文"think good thoughts；write good word"不是楹联，而中文"构佳思；写妙句。"则可称为楹联。

对仗之路：从文学史的角度看，楹联系从古代诗文辞赋中的对偶句逐渐演化、发展而来。这个发展过程大约经历了三个阶段：

第一阶段为对偶阶段，时间跨度为先秦、两汉至南北朝。在我国古诗文中，很早就出现了一些比较整齐的对偶句。流传至今的几篇上古歌谣已见其滥觞。如"凿井而饮，耕田而食"、"日出而作，日入而息"之类。至先秦两汉，对偶句更是屡见不鲜。《易经》卦爻辞中已有一些对偶工整的文句，如："眇能视，跛能履。"（《履》卦"六三"）、"初登于天，后入于地。"（《明夷》卦"上六"）《易传》中对偶工整的句子更常见，如："仰以观于天文，俯以察于地理。"（《系辞下传》）、"同声相应，同气相求，水流湿，火就燥，云从龙，风从虎……则各从其类也。"（乾·文言传）

成书于春秋时期的《诗经》，其对偶句式已十分丰富。刘麟生

青少年应该知道的语文知识

在《中国骈文史》中说："古今作对之法，《诗经》中殆无不毕具"。他例举了正名对、同类对、连珠对、双声对、叠韵对、双韵对等各种对格的例句。如："青青子衿，悠悠我心。"（《郑风·子衿》）、"山有扶苏，隰有荷花。"（《郑风·山有扶苏》）《道德经》其中对偶句亦多。刘麟生曾说："《道德经》中裁对之法已经变化多端，有连环对者，有参差对者，有分字作对者。有复其字作对者。有反正作对者。"（《中国骈文史》如："信言不美，美言不信。善者不辩，辩者不善。"（八十一章）、"独立而不改，周行而不殆。"（二十二章）再看诸子散文中的对偶句。如："满招损，谦受益。"（《尚书·武成》）、"乘肥马，衣轻裘。"《论语·雍也》）、"君子坦荡荡，小人常戚戚。"（《论语·述而》）等等。辞赋兴起于汉代，是一种讲究文采和韵律的新兴文学样式。对偶这种具有整齐美、对比美、音乐美的修辞手法，开始普遍而自觉地运用于赋的创作中。如司马相如的《子虚赋》中有："击灵鼓，起烽燧；车按行，骑就队。"

五言诗产生于汉代，至魏晋达到顶峰。其中对偶句亦较多运用。汉乐府中对偶句更趋工整，俨如后代律诗中的联句。如："少壮不努力，老大徒伤悲。"（《长歌行》）、"朔气传金柝，寒光照铁衣。将军百战死，壮士十年归。"（《木兰辞》）在上述各种文体中，对偶句有如下几个特点：一是它仅作为一种修辞手法来运用，并非文体的格律要求；二是字数多从三字到七字之间；三是对仗很宽松，字数、词性、句式大体能相对，但缺乏平仄的对仗。这正如朱光潜先生所言："意义的排偶较早起，声音的对仗是从它推演出来的。"（《朱光潜美学文集》第十二章）

第二阶段是骈偶阶段。骈体文起源于东汉的辞赋，兴于魏晋，盛于南北朝。骈体文从其名称即可知，它是崇尚对偶，多由对偶

书面表达与口语交流

句组成的文体。这种对偶句连续运用，又称排偶或骈偶。刘勰在《文心雕龙·明诗》评价骈体文是"俪采百字之偶，争价一句之奇。"初唐王勃的《滕王阁序》一段为例：

时维九月，序属三秋。潦水尽而寒潭清，烟光凝而暮山紫。俨骖騑于上路，访风景于崇阿。临帝子之长洲，得仙人之旧馆。层台耸翠，上出重霄；飞阁流丹，下临无地。鹤汀凫渚，穷岛屿之萦回；桂殿兰宫，列冈峦之体势。披绣闼，俯雕甍，山原旷其盈视，川泽盱其骇瞩。闾阎扑地，钟鸣鼎食之家；舸舰迷津，青雀黄龙之轴。虹销雨霁，彩彻区明。落霞与孤鹜齐飞，秋水共长天一色。渔舟唱晚，响穷彭蠡之滨；雁阵惊寒，声断衡阳之浦。

全都是用对偶句组织，其中"落霞与孤鹜齐飞，秋水共长天一色"更是千古对偶名句。这种对偶句（即骈偶）是古代诗文辞赋中对偶句的进一步发展，它有如下三个特点：一是对偶不再是纯作为修辞手法，已经变成文体的主要格律要求。骈体文有三个特征，即四六句式、骈偶、用典，此其一。二是对偶字数有一定规律。主要是"四六"句式及其变化形式。主要有：四字对偶，六字对偶，八字对偶，十字对偶，十二字对偶。三是对仗已相当工巧，但其中多有重字（"之、而"等字），声律对仗未完全成熟。

第三阶段是律偶阶段。律偶，格律诗中的对偶句。这种诗体又称近体诗，正式形成于唐代，但其溯源，则始于魏晋。曹魏时，李登作《声类》十卷，吕静作《韵集》五卷，分出清、浊音和宫、商、角、徵、羽诸声。另外，孙炎作《尔雅音义》，用反切注音，他是反切的创始人。但魏晋之际，只以宫、商之类分韵，还没有四声之名。南北朝时，由于受佛经"转读"的启发和影响，创立了四声之说，撰作声谱，借转读佛经声调，应用于中国诗文，遂成平、上、去、入四声。其间，周颙作《四声切韵》，沈约作《四声谱》，创"四声""八病"之说，并根据诗歌要求有节奏感和音乐美的特点，经过创作实践的摸索，总结出诗歌必须"五字之中，音韵悉异，两句之内，角徵不同"的原则。于是，诗文的韵律日益严格。对偶句的格律由骈偶发展成为律偶。在沈约、谢朓的"永明体"诗中已有比较工整的律偶。如："云去苍梧野，水还江汉流。"（谢朓《新亭诸别范零陵云》）如；"艾叶弥南浦，荷花绕北楼。"（沈约《休沐寄怀》）等。从齐梁"四声"、"八病"说盛行之后，再把四声二元化，分为平（平声）、仄（上、去、入声）两大类，既有了平仄的概念，又逐步总结出每句诗的平仄应有变化，每句诗与每句诗之间的平仄也应有变化的"调平仄术"和联结律诗的"粘法"；同时，又发现每句诗用五、七字比用四、六字更富有音乐美，节奏也更加有变化；在一首诗中，骈偶句与散体句并用，又能显示出语言的错综美。就这样，从齐梁时略带格律的"新体诗"，经过一百多年的发展，到了唐代，律诗达到了严格精密的阶段，成为唐诗的主要形式之一。一般的五、七言律诗，都是八句成章，中间二联，习称颔联和颈联，必须对仗，句式、平仄、意思都要求相对。这就是标准的律偶。举杜甫《登高》即可见一斑：

风急天高猿啸哀，渚清沙白鸟飞回。
无边落木萧萧下，不尽长江滚滚来。
万里悲秋常作客，百年多病独登台。
艰难苦恨繁双鬓，潦倒新停浊酒杯。

这首诗的颔联和颈联，"无边落木萧萧下，不尽长江滚滚来。""万里悲秋常作客，百年多病独登台"对仗极为工稳。远胜过骈体文中的骈偶句。除五、七言律诗外，唐诗中还有三韵小律、六律和排律，中间各联也都对仗。

律偶也有三个特征：一是对仗作为文体的一种格律要求运用；二是字数由骈偶句喜用偶数向奇数转化，最后定格为五、七言；三是对仗精确而工稳，声律对仗已成熟。

综上所述，汉文学的对偶句式历经了至少两三千年，经由排偶、骈偶、律偶三个阶段，"对称原则由意义推广到声音方面"（《朱光潜美学文集》第十二章），到盛唐已发展至尽善尽美。唐代诗人的对仗技巧已炉火炖青。如果把楹联比喻成孕育在诗文母体中的胎儿，那么此时的胎儿已是完全发育成熟，即将呱呱坠地了。

【对联之特征】

青少年应该知道的语文知识

季世昌、朱净之先生在《中国楹联学》中曾把楹联的特征概括为：鲜明的民族性，强烈的时代性，严密的格律性，高度的概括性和广泛的实用性。鲜明的民族是指楹联极为鲜明地体现着我们自己的民族传统和民族风貌。强烈的时代性是指楹联象一切文学形式一样，必然打上时代的印记。严密的格律性是指楹联有自己的独特格律。高度的概括性是指楹联具有比其它文学形式具有更强、更大的艺术概括力，它往往能以极其有限的文字反映深广的生活内容。广泛的实用性是指楹联普遍地运用到社会生活之中，可谓各行各业、各色人等，各种场合，无所不用，无所不在，无所不见。

傅小松的《中国楹联特征论略》则把楹联的特征概括为五个对立统一：

独特性和普遍性的统一：人们普遍认为楹联是中国最独特的

一种文学形式。其独特性究竟表现在哪里呢？主要表现在结构和语言上。楹联可称之为"二元结构"文体。一副标准的对联，总是由相互对仗的两部分所组成，前一部分称为"上联"，又叫"出句"、"对头"、"对公"；后一部分称为"下联"，又叫"对句"、"对尾"、"对母"。两部分成双成对。只有上联或只有下联，只能算是半副对联。当然，许多对联，特别是书写悬挂的对联，除了上联、下联外，还有横批。横批在这种是对联中是一个有机组成部分，它往往是对全联带有总结性、画龙点睛或与对联互相切合的文字，一般是四个字，也有两个字、三个字、五个字或七个字的。从语言上看，楹联的语言既不是韵文语言，又不是散文语言，而是一种追求对仗和富有音乐性的特殊语言。楹联这种特殊的"语言——结构"方式，完全取决于汉语言及其文字的特殊性质。这种"语言——结构"的独特性使得楹联创作在构思、立意、布局、谋篇上迥异于其它文学形式。同样的客观对象和内容，楹样总是设法从两个方面、两个角度去观察和描述事物，并且努力把语言"整形"规范到二元的对称结构之中去。

楹联具有上述的独特性，但是，楹联仍是一种文学形式，具有文学的一般性和普遍性特征。它也是一种用语言塑造文学形象，反映社会生活、表达思想感情的艺术。它具有文学的形象性、真实性和倾向性等特点，也具有文学的认识作用、教育作用和审美功能。楹联可叙事、可状物、可抒情、可议论。如悼念死者，可写祭文，可写挽诗，也可写挽联，这说明楹联是文学大家庭中的一员，只是形式独特而已。

寄生性和包容性的统一：所谓寄生性，指楹联本从古文辞赋的骈词俪语派生发展而来，小而言之，它就是一对骈偶句，因此，它能寄生于各种文体之中。诗、词、曲、赋、骈文，乃至散文、戏

剧、小说，那一样中又没有工整的对偶句呢？但反过来，楹联又具有极大的包容性。它可以兼备其他文体的特征，吸收其他文体的表现手法，尤其是长联和超长联，简直能集中国文体技法之大成。诸如诗之精炼蕴藉，赋的铺陈夸张，词之中调长调，曲的意促爽劲，散文的自由潇洒，经文的节短韵长等等，皆兼收并蓄，熔铸创新。

楹联如词者如清许太眉题上海嘉定花神庙联：

海棠开后，燕子来时，良辰美景奈何天。芳草地，我醉欲眠。崐楝花风，尔且慢到；

碧懒倾春，黄金买夜，寒食清明都过了。杜鹃道，不如归去。崐流莺说：少住为佳。

此联实可当作一首清新秀美、温软伤怀的词来读。

楹联如曲者如清佚名讽某知府联：

见州县则吐气，见藩臬则低眉，见督抚大人茶话须臾，只解说崐几个："是！是！是！"

有差役为爪牙，有书吏为羽翼，有地方绅董袖金贿赠，不觉说崐一声："呵！呵！呵！"

此联的口语化和谐谑意味，颇有曲的味道，刻画封建官僚丑态，维妙维肖。

楹联象散文者如佚名题山东济南千佛山北极台联：

出门一瞧，数十里图画屏风，请看些梵宇僧楼，与丹枫翠柏相间，红的火红，白的雪白，青的靛青，绿的碧绿；

归台再想，几千年江山人物，回溯那朱门黄阁，和茅屋蓬扉接壤，名者争名，利者夺利，圣者益圣，庸者愈庸。

甚至连经文的独特文风也运用楹联之中，试看佚名题江苏镇江金山寺斋堂联：

一屋一椽，一粥一饭，檀越膏脂，行人血汗，尔戒不持，尔事不办，可惧，可忧，可嗟，可叹；

一时一日，一月一年，流水易度，幼影非坚，凡心未尽，圣果未圆，可惊，可怕，可悲，可怜。

实用性和艺术性的统一：如前所述，楹联是中国古典文学形式的一种，理所当然具有文学性和艺术性，它以诗、词、曲等前所未有的灵活和完美而体现了中国文字的语言艺术风采。对联之美在于对称、对比和对立统一。王力在《中国古典文论中谈到的语言形式美》一文中说，"中国古典文论中谈到的语言形式美，主要是两件事：第一是对偶，第二是声律"（《龙虫并雕斋文集》第456页）。对联讲究对仗与平仄，集中体现了古典文学的形式美。北宋词人晏殊有一首名作《浣溪沙》："一曲新词酒一杯，去年天气旧亭台，夕阳西下几时回。无可奈何花落去，似曾相识燕归来，小园香径独徘徊。其中，"无可奈何花落去，似曾相识燕归来"，公推是千古名句。正是这个名句使这首词成为晏殊的代表作，并跻身诗词名篇之一。这个名句实际上首先是作为对联创作的。宋胡仔《苕溪渔隐丛话》后集卷二十引《复斋漫录》记载；晏殊一次邀王琪吃饭，谈起他一个上句："无可奈何花落去"，恨无下句。王琪应声对道："似曾相识燕归来。"晏殊大喜，于是把这个绝妙对句写进了《浣溪沙》一词。杨慎称这个对句"二语工丽，天然奇偶"。这就是对联的艺术魅力。

楹联的艺术性，可以当代学者白启寰先生一副对联来概括：

对非小道，情真意切，可讽可歌，媲美诗词、曲赋、文章，恰似明珠映宝玉；

联本大观，源远流长，亦庄亦趣，增辉堂室、山川、人物，犹如老树灿新花。

楹联具有很高的艺术性，同时它又具有极强的实用性。它可以书写、雕刻、张贴、悬挂；可以撰联、赠联、征联、集联；可以用于金石书画、旅游景点、婚丧喜庆、室内设计、舞台道具、新闻标题、广告宣传、章回小说、文字游戏；有句话，它可以渗透到社会各个领域。

楹联这种实用性和文学性的巧妙统一是其它文学形式和应用文完全没有的。形成这种奇妙统一的原因在于楹联本身所具有的其它文学形式没有的特性。由于楹联是由对仗的上、下联两部分组成，具有外在形式的对称美与和谐美，把它书写篆刻于一特定的社会环境、自然环境和人类生活的具体场景中的建筑物、构筑物、搭构物的正门两侧，就能够产生鲜明的装饰美化作用、社会交际作用和宣传广告作用。其用途遍及三教九流，已成为一种正宗的主要的用于庆贺、吊挽、装饰的社会生活应用文。也许有人认为，把诗词刻于墙壁碑林，不也同样可以发挥实用功能吗？不错，但诗词是一个整体，不可能分成两半，以对称形式展列出来，它不能书写于门之两侧。而"门"，则是一个建筑物的中心，是其黄金段位，好比一个人的脸面。挂在大门两侧的楹联和刻在墙壁上的诗词，其实用功能的发挥是有天壤之别的。

通俗性和高雅性的统一：人们常说对联雅俗共赏，这丝毫不假。试想，还有那一种文学形式，象楹联一样，上为学者文人，下为妇人孺子所喜闻乐道，既可走进象牙之塔，又能步入陇亩民间，既是阳春白雪，又是下里巴人呢？这种奇妙的合一究竟是怎么回事呢？原因在于楹联是一种既简单又复杂、既纯粹又丰富的艺术，诚如前所述，楹联的规则并不复杂，尤其是对语言的色彩、风格，对题材、内容都没有什么要求，它一般很短小，又广泛应用于社会生活，不象其它文学形式戴着一副高雅的面孔，它易学、易懂、

青少年应该知道的语文知识

易记，也不难写。只要对得好，无论语言之俗雅，题材之大小，思想之深浅，皆成对联。但其他文学则未必然。诗尚典雅蕴藉，如"江山一笼统，井上黑窟窿，黄狗身上白，白狗身上肿"之类，只能称之为"打油诗"。一般人是不敢问津诗词的，怕写成打油诗。而楹联，至若逢年过节，家家写之，户户贴之，实为文学中之最通俗者。但是，楹联俗而能雅，而且是大雅。楹联固规则简单，形式纯粹，但其对道、联艺，却博大精深，没有止境。短小隽永者，一语天然，非俗手能为；长篇巨制者则更是铺锦列绣，千汇万状，如同史诗，非大手笔不能作。那些优秀的风景名胜联，辉映山川古迹，永放异彩；那些著名的哲理格言联，传播四海，流芳百世；那些仁人志士的言志联，慷慨磊落，光耀千秋，岂非大雅乎？

　　严肃性和游戏性的统一：一般来说，文学和艺术是严肃的，人们反对游戏文学、游戏语言的那种不严肃的创作态度。但对于楹联来说，情况就不同了。楹联历来被很多人视为笔墨游戏，虽为偏见，但也说明了楹联具游戏性的特点。由于楹联追求对仗，自然是对得越工稳，越巧妙越好。这其中既是文学创作，又包含了思维游戏和语言游戏的成份。如果单纯向对得工、对得巧上发展，就纯粹变成了一种语文斗才和思想斗智。事实上，纯以逗乐谐趣、斗智试才为目的游戏性楹联也不少，它往往借助汉字音、形、义某一方面的特殊情况，运用各种修辞手法和别出心裁的奇思异构撰写而成。游戏性楹联在宋代就很普遍了。苏轼就曾经创作过不少游戏性对联，留下了许多趣闻佳话。从他以后，对对子成为文人之间乃至普通百姓中试才斗智的一种主要方式，成为我国传统文化的一部分。明代的朱元璋、刘基、解缙、清代的乾隆、纪昀、都是热衷于游戏性对联的大师。

　　楹联具有游戏性，但是，这绝不意味着楹联就变成了一种游

戏。事实上，楹联能谐能庄，既是一种带游戏性的语言艺术，同时又具有文学的严肃性。那些极为庄重典雅的场合，如名胜古迹、祠墓碑林，如书院会馆、官厅衙署，都书挂楹联。人们以联斗智游戏，也用楹联来抒情言志、评人论史、写景状物。清末有个叫赵藩的，在成都武侯祠题了一联。联云：

武侯祠对联

能攻心则反侧自消，从古知兵非好战；

不审势即宽严皆误，后来治蜀要深思。

这副楹联既概括了诸葛亮用兵四川的特点，又总览了诸葛亮治理四川的策略，借此提出自己关于正反、宽严、和战、文武诸方面的政见，极富哲理，蕴含深刻的辩证法，发人深思。和历史任何优秀的哲理诗相比，它都毫不示弱。此联问世以来，好评如潮。人们"看中"的，正是此联深刻性和严肃性。毛泽东1958年参观武侯祠时，对此联看得很细，予以高度评价。

这就是中国楹联，一种充满矛盾和对立统一的特殊艺术形式。

192

青少年应该知道的语文知识

【古代经典对联】

对联

上联：好读书不好读书。

下联：好读书不好读书。

此联为【明】徐渭所作。上联指年少时好读书却不爱好读书，年老时爱好读书不好读书。

上联：闲人兔进贤人进。

原对：盗者莫来道者来。

新联：捞者莫来劳者来。

吾联：罪客勿来醉客来。

此联为【明】担山和尚所作。

上联：理想莫享醴。

下联：前途弗图钱。

上联：独览梅花扫腊雪

下联：细睨山势舞流溪。

此联的妙处在于上联急读如音阶：'多来米发索拉西'。下联为方言读数字：'一二三四五六七'。

上联：暑鼠凉梁，提笔描猫惊暑鼠。

原对：饥鸡盗稻，呼童拾石打饥鸡。

古对：渴鹤汲潆，令奴响枪击渴鹤。

此联又作'暑鼠量梁'。

上联：暑鼠凉梁，笔璧描猫暑鼠惊竟沿檐，撞桩斯死，老猫食尸。

原对：缺！

吾对：饥鸡盗稻，同童拾石饥鸡逸亦飞扉，碰棚彼毙，矢石落笼。

此联为网友改上联而出之新联，余勉而对矣。

上联：鸡饥争豆斗。

下联：鼠暑上梁凉。

上联：溪西犀喜戏。

下联：囿右鼬悠游。

上联：今宵消夏。

下联：明眴赏花。

上联：士农工（宫）商角徵羽。

下联：寒热温凉（良）恭俭让。

吾联：铝铜金钼（木）水火土。

此联也是一奇联。上联分两部分：士农工商；宫商角徵羽。前为四业，后为五音，而有一个字重复，一个字谐音。原对寒热温凉为四觉，温良恭俭让为君子的五种德行。我的铝铜金钼为四种金属，金木水火土为五行。

上联：游西湖，提锡壶，锡壶落西湖，惜乎锡壶。

下联：做边幅，捉蝙蝠，蝙蝠撞边幅，贬负蝙蝠。

原对：古对：逢甲子，添家子，家子遇甲子，佳姿家子。

吾联：过九畹，擎酒碗，酒碗失九畹，久惋酒碗。

吾联：过桐岩，射彤雁，彤雁毙桐岩，痛焉彤雁。

九畹：三峡的九畹溪。

上联：泥肥禾尚瘦。

下联：晷短夜差长。

此联谐音'尼肥和尚瘦'；'鬼短夜叉长'。

上联：削发又犯法。

下联：出家却带枷。

此联为嘲一和尚犯法所作。

上联：禾花何如荷花美。

下联：莓子每比梅子酸。

上联：画庙庙画妙化庙。

下联：名园园名圆明园。

上联：玛瑙原非马脑。

下联：琅玕不是狼肝。

此联为【明】王洪所对。

上联：玛瑙原非马脑。

下联：琅玕不是狼肝。为绝代佳句。

上联：下大雨，恐中泥，鸡蛋、豆腐留女婿，子莫言回。

此联相传为【清代】钟耘舫之岳父下雨时挽留女婿的话，看似平常，实则用心良苦，绝妙异常。因为它巧用谐音双关的修辞手法，全联皆是古代人名。为：夏大禹：【夏】王名；孔仲尼：孔子字仲尼；姬旦：【周】武王之名；杜甫、刘禹锡：【唐】诗人；子莫、颜回：孔子的弟子。因难度太大，据说至今无人能对。

上联：下大雨，恐中泥，鸡蛋、豆腐留女婿。

吾联：伤足跟，惧侵身，无医、没药安期生。（因为原对无下联，本人尝试一对）

此联为上联的另一版本。我的谐音【商】祖庚：【商】王名；姬寝生：【春秋】郑庄公之名；吴懿：【三国·蜀】大将；梅炎：《封神榜》里的人物；安期生：【汉】仙人。

上联：下大雨麦子灌种。

下联：旱高地田禾必干。

此联谐音夏大禹；墨子【春秋】诸子（麦、墨古同音）；管仲：【春秋】人物；汉高帝：【汉】高祖刘邦；田何：【汉初】《易》学大师；比干：【商】纣的大臣。

上联：思南女子铜仁去。

下联：上蔡厨师会理来。

此联为【清】吴进三所对。其友出此上联指一位思南地方的女子到铜仁那里去，谐音：思男女子同人去；进三指着上菜的厨师而对，原来此厨师祖籍上蔡，后住会理，经常在两地来往，谐音：上菜厨师烩鲤来。

上联：近世进士尽是近视，京师禁试进士，进士襟湿，巾拭。

下联：是时肆市始失史诗，仕识世失时势，实似石狮，誓蚀。

上联：狗啃河上骨

下联：水漂东坡诗

此联为一日东坡和佛印乘船游玩，看见一条狗在啃河岸上的骨头，东坡出此上联，谐音：狗啃和尚骨。佛印立刻把东坡写的诗丢进水里，对此下联，谐音：水漂东坡尸。

上联：佛印水边寻蚌吃。

下联：东坡河上带家来。

此联为一日东坡带家眷出去游玩，遇到佛印在水边挖蚌吃，于是出此上联。谐音：佛印水边寻'棒'吃。佛印一听，以东坡带家眷而来而对，谐音：东坡河上带'枷'来。

上联：扬子江头渡杨子。

下联：焦山洞里住椒山。

此联为【明】杨继盛（字椒山）题镇江焦山联。

上联：空中一朵白莲花，风捧奉佛。

下联：峡里几枝黄栗树，月远怨猿。

上联：玉澜堂，玉兰蕾茂方逾栏，欲拦余览。

下联：清宴舫，清艳荷香引轻燕，情湮晴烟。

此联反复快读，即成绕口。玉澜堂：在颐和园昆明湖畔，为当年光绪帝寝宫。清宴舫：一名石舫，在颐和园万寿山西麓岸边，为园中著名水上建筑。

风景对联：

进退一身关社稷　英灵千古镇湖山

福州西湖开化寺　桑柘几家湖上社

芙蓉十里水边城　福州乌山琵琶亭

一弹流水一弹月　半入江风半入云

【趣味对联】

谐趣联用途广泛。它或褒扬、或鞭挞；或讽刺、或赞美；或鼓励、或自勉……现撷取一二：（1）清末政治腐败，卖官鬻爵成风。某城中一中药商人花巨款买了个四品官，穿上了青天褂，时人不齿，作无情对讽之曰："四品青天褂，六味地黄丸。"

（2）近人何颜生，清末任甘肃布政使时，有留学归来一唐姓翰林在给他的信函中误将"秋辇"写成"秋辈"，又将"追究"的"究"错为"宄"。何即以一联嘲讽："辇辈同车，夫夫竟作非非想。究宄异穴，九九难将八八除。"

（3）黑白难分，教我怎知南北；青黄不接，向你借点东西。

这里有则故事。一位富秀才与一个穷秀才是朋友，一天富秀才晚上到院中散步，外面漆黑一团，伸手不见五指。于是随口吟出上联，但却怎么也想不出下联了。此时，穷秀才前来敲门，说道："青黄不接，向你借点东西。"富秀才一听，忙说"这个好说，你先把我的上联对出来。"说完，穷秀才说"小弟进门时不是对出来了吗？"富秀才一想，果然是这样，于是乐得哈哈大笑！

（4）拆字联：闲（閑）看门中月，思耕心上田。

（5）拆字联：古木枯，此木成柴；女子好，少女尤妙。

（6）月照纱窗，个个孔明诸葛（格）亮

风宋幽香，郁郁豌华梅兰芳。

（7）两舟并进，橹速（鲁肃）不如帆快（樊哙）

八音齐鸣，笛清（狄青）难比箫和（萧何）

下联是大学仕纪晓岚的对句。

鲁肃是三国时期东吴的谋士，凡事小心翼翼，谁知此人谨慎有余而魄力不足，难成大事矣！

樊哙是西汉开国元勋。徐州沛县人。早年以屠狗为业。后随刘邦起兵，屡立战功，入关灭秦。

上联隐藏着"鲁肃不如樊哙"，说的是"文不如武"

狄青：北宋名将，与南宋岳飞抗金齐名。

萧何：西汉初政治家，辅佐刘邦起义，楚汉战争中，荐韩信为大将，对刘邦战胜项羽、建立汉朝起了重要作用，并协助高祖消灭韩信、陈希、英布等异姓诸侯王。

上联隐藏着"狄青难比萧何"，说的是"武不如文"

（8）南通州，北通州，南北通州通南北；东当铺，西当铺，东西当铺当东西。

此联是闻名的方位联。上联是清朝皇帝乾隆所作，下联是纪晓岚即兴所对。南通州，即今日江苏省南通市，北通州，即今日北京市通州区。"南北通州通南北"，是说乘船沿着大运河就可以畅通无阻地从南到北或从北到南。"东当铺，西当铺"，是纪晓岚看到街上的当铺很多，灵机一动对出来的，"东西当铺当东西"，前一个东西为方位，后一个东西表示物体，此为借对。后来，有一书生认为纪晓岚所对下联并不太好，有些俗气。于是他对出了一个下联："春读书，秋读书，春秋读书读春秋。"果然比纪联儒雅一些。后一个春秋是指孔子修订的儒家经典之作《春秋》。另外，还有一位澳门人对出："东望洋，西望洋，东西望洋望东西。"这里的"东望洋"、"西望洋"，都是澳门的地名，更显贴切。

（9）东启明，西长庚，南箕北斗，朕乃摘星手；春牡丹，夏芍药，秋菊冬梅，臣为探花郎。

据说此联的上联是乾隆皇帝为考中探花的刘凤浩而出的，下联是刘凤浩所对。在封建社会，皇帝被认为是真龙天子，是国家的最高统治者，"普天之下莫非王土；率土之滨莫非王臣。"国家的一切财产都是皇帝的，人才自然也在其中。乾隆用东西南北四星比喻为天下人才，而他则是"摘星之手"，把他们都网罗来为己所用，此句很有气势，并把四个方位词都占全了，对下联颇有难度。刘凤浩不愧为才子，他用春夏秋冬四季来对四方，用地上四季之花对天上四方之星。并暗暗表明自己四季苦读，终成"探花郎"，语气中流露出一种自豪感。

（10）坐南朝北吃西瓜，皮向东扔；由上向下读左传，书往右翻。

这副对联若仅从思想内容上看并无多大意义，若从形式上看还有些意思。上联是说一个人在夏天靠着南墙吃西瓜的情景，把南北西东四个方位词占全了。下联则独辟蹊径，用上下左右来对，描绘出读"左传"，书往右翻的状态，恰如其份，毫无做作之感，令人称奇。

（11）北斗七星，水底连天十四点；南楼孤雁，月中带影一双飞。

相传，林则徐幼时到姑父家串亲戚，恰逢几位诗人与徐的姑夫一起连诗对句。一诗翁想考一考林的学问，便出了一上联，聪明的林则徐立即对出下联。上联是说，天上北斗七星，是七颗星星，倒映在静静的湖中便成十四点了。下联是说，南楼的孤雁虽然是一只，但在明月照映之下，"带影"便成为"一双飞"了。这副联反映了少年林则徐的聪颖机智，博学多才。

【对联的分类、规范与创作方法】

一、对联的分类

清朝梁章钜的《楹联丛话》、《楹联续话》、《楹联三话》把对联分成十个门类，即故事、应制、庙寺、廨宇、胜迹、格言、佳话、挽词、集句、杂缀。民国年间出版的《楹联集成》将对联分成二十个类别，即庆贺、哀挽、廨宇、学校、商业、会馆、祠庙、寺院、剧场、第宅、园墅、岁时、名胜、投赠、香艳、集字、集句、滑稽、白话、杂俎。这两种分类方法都是以实用范围来划分的，但后者比前者类别分得更细。如果按对联的文字结构、修辞技巧、逻辑关系来分类，就有四、五十种。例如：

1. 对偶形式：言对、事对、正对、反对、工对、宽对、流水对、回文对、顶针对等。

2. 修辞手法：比喻、夸张、反诘、双关、设问、谐音。

3. 用字技巧：嵌字、隐字、复字、叠字、偏旁、析字、拆字、数字等。

4. 逻辑结构：并列、转折、选择、因果。

随着社会的发展、文化的进一步发达，对联的科目将会更多，更为齐全和完善。

二、对联的规范与创作

顾名思义，对联是要成"对"的，即由上联和下联所组成。

上下联字数必须相等，内容上也要求一致，亦即是要上下联能"联"起来，两句不相关联的句子随便组合在一起不能成为对联。对联学科是一门综合性学科，内容复杂，形式多样，对仗、平仄亦要求严格，本书将根据对联的规范，讲述与解析创作方法，供学撰联者参考。

对联的上下联字数一定要相等。对联一般都是竖写，上联末字（仄声）贴在右边（上手），下联末字（平声）贴在左边（下手）。

对联的对仗，虽然与诗有相同之处，但它比诗要求更严。对联有宽对和狭对之分。宽对只要求上下联内容有联系即可成联，而狭对则要严格按《笠翁对韵》的标准来撰写。不过在实用对联中，采用宽对较多，而狭对则往往因为对仗的要求太严，束缚了人们的思维，有因文害意之嫌，故而很少应用。

三、汉语四声与对联

对联的平仄规律，与诗基本相同，一般套用诗的一三五不论，二四六分明的基本法则。

如何断定对联的上下联呢？除从联文的内容中去辨别，更为重要的是从联文字尾的平仄声去判定。对联严格规定上联末字用仄声，下联末字用平声。后人称这种规则为仄起平落。必须注意的是：古代汉语和现代汉语的"四声"有些不同。自从推广汉语拼音化，和以北京语音为全国通用语言以后，同一汉字的平仄发生了变化。如按《佩文韵府》音韵标准的四声是平、上、去、入。平声列为"平"，上、去、入都归纳进了"仄"。按北京语调，则分成阴平、阳平、上声、去声，这样一来，平声字多了，没有"入"声，把一部分去入声字归入了平声，这是学习撰联的同志值

得注意的。古来有很多语言学者对古汉语四声，作了较为详尽的阐述，如释真空在《玉钥匙歌诀》一书中，作了如下的分析：

1. 平——平声平道莫低昂。读时发音平和、尾音长，有余韵。

2. 上——上声高呼猛烈强。读音响亮，声音短促，无尾音。

3. 去——去声分明哀远道。去声读音宛转，尾音短，高昂。

4. 入——入声短促急收藏。入声读音质朴而急，收音短促，低沉，无尾音。

一般说来，平声字音平和，有较长的尾音。仄声字尾音短促，或者无尾音。近代语言学家刘半农先生，首先肯定了释真空对于古汉语四声的分析是正确的。半农先生又根据自己的研究所得，作了补充，他说："平声平去，曲折最少，习称为平衡调。上去两声曲折最多，或上升，或下降，或降升，或升降。应为非平衡调。入声最短，称促调。"半农先生的论述，简单而明了。张世禄先生更为简要地将平上去入四声，分成两大类，平声是长音步所在，仄声是短音步所在，平仄主要是长与短的区别。笔者还认为，古汉语四声，除了有长音步和短音步之分外，读音高低也是大相径庭的，如以："东董冻笃"为例，从平声起，音阶逐渐升高，至去声达到顶峰，亦即第三声读音最高。入声一落千丈，音量低短而简捷。简言之：平声哀而安，上声厉而举，去声清而远，入声直而促。上列散论，只是一般方法，读者可在学习和实践中再行验证。

为了练习辨别四声的本领，古人列举了如下三十二个字，作为平仄基本知识锻炼的文字，只要能够熟练地掌握这些字的平仄，那么其他字的平仄，就可触类旁通，一读即知了。

1. 一二三四五六七八九十。这十个数字按次序分别为：入去平去上入入入上入。

2. 甲乙丙丁戊己庚辛壬癸。这十字的平仄分别为：入入上平去上平平平上。

3. 子丑寅卯辰巳午未申酉戌亥。这十二字分别为：上上平上平上上去平上入上。

以北京语调来标注汉语的四声，为阴平，阳平，上声，去声，都是从古汉语的四声演变发展而来，人们在断定对联平仄时，还习惯地以古汉语四声作为标准。现在除了校正发音以外，很少用现代汉语的四声来作对、写诗、填词。但随着普通话的推广，和时间的推移，现代汉语的四声，终究为人们所接受。

4. 必须知道：有些汉字，历来是平仄互用，可作平声，也可作仄声，如看、教、为、思、傍……略举数例如下：

（1）"看"作平声：日用香炉生紫烟，遥看瀑布挂前川；飞流直下三千尺，疑是银河落九天。

（2）"看"作仄声：梅子流酸溅齿牙，芭蕉分绿上窗纱；日长睡起无情思，闲看儿童捉柳花。

（3）"教"作平声：樱杏桃榴次第开，故教一一傍窗栽；毵毵竹影依依柳，分得清阴入户来。

（4）"教"作仄声：粉笔生涯亦快哉，因材施教育良材；满园桃李生机郁，化雨春风次第开。

（5）"为"作平声：一为迁客去长沙，西望长安不见家；黄鹤楼中吹玉笛，江城五月落梅花。

（6）"为"作仄声：本为汉王建大功，未将自我置胸中；早知兔绝终烹狗，悔不淮阴坐钓终。

四、对联的词组结构

对联除要求押韵和对仗外，词组和结构也是有一定规则的。如：

摇红；

涤翠。

（单组，二字结构）

谦受益；

满招损。

（单组，三字结构）

知足常乐；

能忍自安。

（单组，四字结构）

栀放同心结；

莲开并蒂花。

（单组，五字结构）

丛桂一枝香满；

昆山片玉连城。

（复组，六字结构）

春江桃叶莺啼湿；

夜雨梅花蝶梦寒。

（复组，七字结构）

海纳百川，有容乃大；

壁立千仞，无欲则刚。

（复组，八字结构）

把古往今来，重新说起；

将悲欢离合，再叙从头。

（复组，九字结构）

虎贲三千，直抵幽燕之地；

龙飞九五，重开大宋之天。

（复组，十字结构）

四万青钱，明月清风今有价；

一双白璧，诗人名将古无俦。

（复组，十一字结构）

天地启宏慈，赤子苍头同感戴；

古今垂旷典，九州万国被恩荣。

（复组，十二字结构）

对联上下联的词组和结构，应保持一致和统一，上联是动宾结构，下联也就必须是动宾结构的词组，如"摇红；涤翠。"上联是偏正词组，下联也必须以偏正词组与之相对，如"同心结"与"并蒂花"，就是相同的词组结构。在谋篇布局对联词组时，一定要注意上下联的词组结构必须相同，这亦是对联作者必须遵循的一条重要规则。

【关于对联起源的其它说法】

对联起源秦朝，古时称为桃符。关于我国最早的楹联，谭蝉雪先生在《文史知识》1991年第四期上撰文指出，我国最早的楹帖出现在唐代。她以莫高窟藏经洞出土的卷号为斯坦因0610号敦煌遗书为据：

岁日：三阳始布，四序初开。

福庆初新，寿禄延长。

又：三阳□始，四序来祥。

福延新日，庆寿无疆。

立春日：铜浑初庆垫，玉律始调阳。

五福除三祸，万古□（殪）百殃。

宝鸡能僻（辟）恶，瑞燕解呈祥。

立春□（著）户上，富贵子孙昌。

又：三阳始布，四猛（孟）初开。

□□故往，逐吉新来。

年年多庆，月月无灾。

鸡□辟恶，燕复宜财。

门神护卫，厉鬼藏埋。

门书左右，吾傥康哉！

实际上，这只是现存最早的对联，对联起源于律诗，实际上是以讹传讹的现象，是纪晓岚一厢情愿的猜测（见《楹联丛话》卷之一开篇云："尝闻纪文达师言：楹帖始于桃符，蜀孟昶'余庆''长春'一联最古。"），

《声调谱》作者赵执信明确指出："两句为联，四句为绝（句），始于六朝，元（原）非近体。"王夫之说，对联源于律诗的说法，好比"断头刖足，残人生理"——《清诗话》

对联源于中国文字语音的对称性，出现应该在周朝以前，造纸术和书法的发展，使对联成为独立文体。

涂怀珵 先生重申"正是对联成全了骈文和律诗"，正因为对联的二元化布局，才能促成四声二元化，形成所谓平仄。四声是用完全归纳法归纳出来的，

平仄是用不完全归纳法归纳出来的（见何伟棠《永明到近体》），陈学易主主张"格律遵循 但求对仗工与稳 技巧活用，不计四声仄与平。"江苏省对联学会会长陈德树主张把对联分为散联，通联，律联，中山大学教授周锡（韦复）pò 提倡，在创作中，应

考虑格律和材料的兼容性。这些都是很有价值的经验

【对仗的种类】

对仗大致分两类，一类是语法学对仗，即名词对名词，形容词对形容词……

另一类是修辞学对仗，通过变通，转类，让不同类别的词语对仗，具体表现为名词当形容词，形容词当动词用。无论那种对法，都要突出对仗的象似性。切不可，海日生残夜对端居耻圣明

【顶针联】

这种对联是将前一个分句的句脚字，作为后一个分句的句头字，使相邻的两个分句，首尾相连，亦称"联珠对"、"联锦对"。经典之句如下：

一心守道道无穷，穷中有乐
万事随缘缘有份，份外无求。

水车车水水随车，车停水止
风扇扇风风出扇，扇动风生

大肚能容，容天下能容之事

开口便笑，笑世上可笑之人

桔子洲，洲旁舟，舟行洲不行

天心阁，阁内鸽，鸽飞阁不飞

油蘸蜡烛，烛内一心，心中有火

纸糊灯笼，笼边多眼，眼里无珠

楼外青山，山外白云，云飞天外

池边绿树，树边红雨，雨落溪边

金水河边金线柳 金线柳穿金鱼口

玉栏杆外玉簪花 玉簪花插玉人头

千里为重 重山重水重庆府

一人成大 大邦大国大明君

无锡锡山山无锡

平湖湖水水平湖

常德德山山有德

长沙沙水水无沙

松叶竹叶叶叶翠

秋声雁声声声寒

龙怒卷风风卷浪

月光射水水射天

烈火煎茶，茶滚釜中喧雀舌

清泉濯笋，笋沉涧底走龙孙

船载橹、橹摇船，橹动而船行

线穿针、针引线，针缝而线缀

山径晓行，岚气似烟，烟似雾

江楼夜坐，月光如水，水如天

鱼钓钓鱼鱼骇钓

马鞭鞭马马惊鞭

山羊上山，山碰山羊角

水牛下水，水没水牛腰

白鸟忘饥，任林间云去云来、云来云去

青山无语，看世上花开花落、花落花开

保俶塔，塔顶尖，尖如笔，笔写五湖四海。

锦带桥，桥洞圆，圆似镜，镜照万国九州。

弓长张张弓，张弓手张弓射箭，箭箭皆中。

木子李李木，李木匠李木雕弓，弓弓难开。

大鱼吃小鱼，小鱼吃虾，虾吃水，水落石出。

溪水归河水，河水归江，江归海，海阔天空。

黄花岗，岗花黄，黄照碧血，血染黄花留芳阁。

绿水河，河水绿，绿映白塔，塔印绿水存真容。

听雨，雨住，住听雨楼也住听雨声，声滴滴，听，听，听。

观潮，潮来，来观潮阁上来观潮浪，浪滔滔，观，观，观。

水面冰冻，冻积雪，雪上加霜

空中腾雾，雾成云，云开见日

望天空，空望天，天天有空望空天

求人难，难求人，人人逢难求人难

楼外青山，山外白云，云外飞天，

池边绿树，树边红雨，雨落溪边。

【回文联】

回文联，它是我国对联修辞奇葩（pā）中的一朵。用这种形式写成的对联，既可顺读，也可倒读，不仅它的意思不变，而且颇具趣味。兹举数例如下：

其一：河南省境内有一座山名叫鸡公山，山中有两处景观："斗鸡山"和"龙隐岩"。有人就此作了一副独具慧眼的回文联：

斗鸡山上山鸡斗

龙隐岩中岩隐龙

其二：厦门鼓浪屿鱼脯浦，因地处海中，岛上山峦叠峰，烟雾缭绕，海森森水茫茫，远接云天。于是，一副饶有趣味的回文联便应运而生：

雾锁山头山锁雾

天连水尾水连天

其三：清代，北京城里有一家饭馆叫"天然居"，乾隆皇帝曾就此作过一副有名的回文联：

客上天然居

居然天上客

上联是说，客人上"天然居"饭馆去吃饭。下联是上联倒着念，意思是没想到居然像是天上的客人。乾隆皇帝想出这副回文联后，心里挺得意。即把它当成一个联，向大臣们征对下联，大臣们面面相觑，无人言声。只有大学士纪晓岚即席就北京城东的一座有名的大庙——大佛寺，想出了一副回文联：

青少年应该知道的语文知识

人过大佛寺

寺佛大过人

上联是说，人们路过大佛寺这座庙。下联是说，庙里的佛像大极了，大得超过了人。纪学士的下联，想得挺不错。

这副回文联放到乾隆皇帝的一块，就组成一副如出一口的新回文联了：

客上天然居然天上客

人过大佛寺佛大过人

令对：客上天然居 居然天上客

僧游云隐寺 寺隐云游僧

其四：湛江德邻里有一副反映邻里之间友好关系，鱼水深情的回文联，至今传颂不衰：

邻居爱我爱邻居

鱼傍水活水傍鱼

在一个皇帝的时候，一个书生说的对联，到现在还在流传着：

地满红花红满地

天连碧水碧连天

雪映梅花梅映雪

莺宜柳絮柳宜莺

秀山青雨青山秀

香柏古风古柏香

【叠字联】

趣味无穷的叠字联

江苏滨海三中陆可爱

中国是四大文明古国之一，文化源远流长，其中对联文化堪称一绝。而对联的格式有嵌字格、重字格、回文格、叠字格、离合格等9种。可谓内容丰富，格式多样。其中不乏趣味无穷的叠字格对联，特别引人注目。

叠字，又名"重言"，系指由两个相同的字组成的词语。人们在创作楹联时，常常将叠字运用于联语创作的方法，就是叠字法。在对联创作中，叠字法的运用是非常广泛的，几乎随处可见。

212

旅游胜地多叠字联。

苏州网师园"看松读画轩"的一副叠字对联：

"莺莺燕燕，花花叶叶，卿卿暮暮朝朝；

风风雨雨，暖暖寒寒，处处寻寻觅觅。"

全联把天气和季节的变化以及鸟语花香融为一体，语句含义丰富深长。该联读来声韵铿锵，读后频增游兴，使人犹如陶醉于春夏秋冬四季冷暖交替变幻和莺歌燕舞万木争荣百花吐艳的美景之中，别具诗情画意。

杭州西湖中山公园"天下景"亭叠字联：

"山山水水处处明明秀秀；

晴晴雨雨时时好好奇奇。"

把西湖山光水色、晴雨景象尽收联中，耐人回味。这副叠字

青少年应该知道的语文知识

联也是回文对，读成：

"秀秀明明处处山山水水；

奇奇好好时时雨雨晴晴。"

也十分流畅自然。

浙江奉化休休亭叠字联：

"行，行，行，行行且止；

坐，坐，坐，坐坐何妨。"

这是一副有人情味的叠字联，联语声情并茂，富有节奏感。

山东济南千佛山趵突泉观澜亭上的叠字联：

"佛脚清泉，飘飘飘飘飘下两条玉带；源头活水，冒冒冒冒冒出一串珍珠。"

栩栩如生地摹拟出泉飘水冒的动态美和色彩美。观泉读联，令人赏心悦目，心旷神怡。

浙江永康县城关有座建于清康熙年间的西津桥，桥头的叠字联：

"风风雨雨，寒寒暑暑，满满潺潺，潇潇洒洒；岁岁年年，朝朝暮暮，恩恩怨怨，憩憩悠悠。"

上联写流水部分全用水旁，随着一年四季风雨寒暑自然气候的变化，水流或急或缓，永不停息；下联写心态部分，全用心字旁，时代转移，人世沧桑，人与人之间的种种恩怨，就不要去多计较了，对此不妨一笑了之。整联用叠字，构思巧妙，堪称佳对。

长沙白沙古井的叠字联：

"常德德山山有德，长沙沙水水无沙。"

此联与无锡的叠字联有同工异曲之妙：

"无锡锡山山无锡，平湖湖水水平湖。"

温州江心寺的叠字联：

"云朝朝朝朝朝朝朝朝散，潮长长长长长长长长长消"（念"yún, zhāo cháo zhāo zhāo cháo zhāo cháo zhāo sàn; cháo, cháng zhǎng cháng cháng zhǎng, cháng zhǎng cháng xiāo"）。

整联巧用叠字，诗情画意，妙不可言。

叠字联能浓缩历史景象。解放前流传一时的一副叠字对联：

"南南北北，文文武武，争争斗斗，时时杀杀砍砍，搜搜刮刮，看看干干净净；户户家家，女女男男，孤孤寡寡，处处惊惊慌慌，哭哭啼啼，真真凄凄惨惨。"

全联形象地嘲讽了国民党统治下旧中国的凄惨景象，把当时的社会现实暴露无遗。

叠字联能反映社区生活。浙江松阳县西屏镇城西社区的一副叠字联：

"凌霄岚翠，翠翠红红，处处融融洽洽；峭壁醴泉，泉泉冽冽，常常滴滴嗒嗒"。

读联赏西屏山景，使人赏心悦目，兴致倍增，如临"松阳十景"之中。

"块块条条社，花花草草，巷巷清清爽爽；前前后后区，燕燕莺莺，人人快快活活。"

城南社区的一副叠字联：

"对对双双石，重重叠叠，暮暮卿卿我我；单单独独蟾，曲曲环环，层层觅觅寻寻。"

此联对仗工整，节奏相称，平仄协调，用词妥贴。登山赏景忙联，使人领略松阴溪的动态美以及独山和双岩山的造型美、色彩美，令人心旷神怡。永晖小区的一副叠字联：

"社社区区处处干干净净；家家户户时时吉吉祥祥。"

景和意和谐统一，写社区新貌、市民意愿，选词造语精致工丽，颇富韵味。

"社区腰鼓队秧歌队，队队风风火火；里弄走马灯莲花灯，灯灯亮亮堂堂。"

上联展现了社区文化繁荣，人才涌现的风流态势；下联写出了里弄挖掘发展民间文化，能工巧匠展示绝活的景象，遣词属对，老到从容。

叠字联能表达市民心声。戒烟叠字联：

"屡抽屡戒屡屡抽屡屡戒，日戒日抽日日戒日日抽。"

此联形象地讽刺了一些人戒烟时戒时抽，戒戒抽抽，抽抽戒戒，愈戒愈抽的现象。

"根根柱柱抽抽扔扔手手人民币，*丝丝缕缕吸吸吐吐口口尼古丁*。"

此联形象地抽烟的危害，既有害身体健康又浪费财物。

叠字联能折射社会现象。

"家家户户人人和和气气，时时事事处处文文明明。"

社会进步，家和邻亲，讴歌精神文明好风气。

"上司开口才半句，早已是'是是是，对对对'下级陈辞达万言，始终是'嗯嗯嗯，噢噢噢'"

讥讽昏庸的官僚。

"重重叠叠山，曲曲环环路；叮叮咚咚泉，高高下下树"

夸赞人们居住环境的美丽和舒心。

叠字联，意境生动，语音和谐，节奏明朗，韵律协调，情意形象，艺术魅力无穷，引人入胜。

翠翠红红，处处莺莺燕燕。风风雨雨，年年暮暮朝朝。

【数字联】

数字联即在对联中嵌入数字，使数量词在对联中有特殊意义，用数量词组成的对联的作用主要有：创造形象和意境、加大对仗难度、进行数学运算、数字合称词的阐释、连续嵌入自然数等。

枯燥的数字经文人之手，嵌入对联之中，就会产生意想不到的效果，请欣赏。

1. 清代学者朱柏庐在其所著《治家格言》中有副对联言之谆谆：

一粥一饭，当思来处不易；

半丝半缕，恒念物力维艰.

2. 济南大明湖有一联：

四面荷花三面柳，一城山色半城湖.

3. 青岛崂山钓鱼台有副奇特的数字联；

一蓑一笠一髯翁，

一丈长杆一寸钩；

一山一水一明月，

一人独钓一海秋；

4. 湖北隆中三顾堂悬的一副楹联是：

两表酬三顾；一对足千秋

5. 四川眉山县三苏祠有一联：

一门父子三词客；

千古文章四大家.

青少年应该知道的语文知识

6. 大学士纪晓岚巧对乾隆帝：

花甲重开，外加三七岁月；

古稀双至，内多一个春秋。

7. 清朝郑板桥有一联是：

海纳百川有容乃大；

壁立千仞无欲则刚。

8. 清人顾复初有一联：

删繁就简三秋树；

领意标新二月花。

数字联又相当巧妙的运用了数学：

（一）

花甲重逢，增加三七岁月，

古稀双庆，更多一度春秋。

这副对联是由清代乾隆皇帝出的上联，暗指一位老人的年龄，要纪晓岚对下联，联中也隐含这个数. 即上述下联.

上联的算式：$2 \times 60 + 3 \times 7 = 141$，

下联的算式：$2 \times 70 + 1 = 141$。

（二）

三强韩赵魏，九章勾股弦。

上联为数学家华罗庚1953年随中国科学院出国考察途中所作。团长为钱三强，团员有大气物理学家赵九章教授等十余人，途中闲暇，为增添旅行乐趣，华罗庚便出上联"三强韩赵魏"求对片刻，人皆摇头，无以对出他只好自对下联"九章勾股弦"。此联全用"双联"修辞格。""三强"一指钱三强，二指战国时韩赵魏三大强国；"九章"，既指赵九章，又指我国古代数学名著《九章算术》。该书首次记载了我国数学家发现的勾股定理。全联

数字相对，平仄相应，古今相连，总分结合。

（三）

四川一座乡村中学，一对数学教师结合夫妇，在元旦结婚之日，工会赠一副贺联云：

世事再纷繁，加减乘除算尽；

宇宙虽广大，点线面体包完。

（四）

某地一对新人，男的当会计，女的做医生，完婚之日，有人赠贺联一副：

会计合数检验误差重合数；

医生开方已知病根再开方。

嵌入"合数"、"开方"等数学名词，天衣无缝。

（五）

某市一对数学教师，几经波折，终于结为秦晋之好，同事撰一联相贺，联云：

爱情如几何曲线；

幸福似小数循环。

"几何曲线"形象地表述了这对数学教师爱情历经坎坷曲折；"小数循环"是一个无穷无尽的数值，借此祝贺新人的美满幸福，天长地久，实在是神来之笔。

还有一个延续400多年的数字联，以数字对联，生动有趣，令人记忆犹新。

明朝嘉靖年间，江西吉水县的状元罗洪光与几位饱学之士同游九江，顺流而下，江风助行，眼看九江就要到了．这时．邻船一名船夫慕名来到罗洪光的船上，说有一个上联，请大人续对。

罗洪光根本没把船夫放在眼里，心想：凡夫俗子，能出什么妙联？上联无趣，我对之也无味，待船夫写出上联，罗洪光却傻了眼，迟迟无法下笔，同船的文人墨客你看我，我看你，也不知所措．那船夫的上联是：

"一孤舟，二客商，三四五六水手，扯起七八叶风篷，下九江，还有十里"．

上联不仅说出了实事，而且把从一到十的这十个数目字按顺序嵌进去，成了"绝对"．

从那以后，400 年没人能对出来．直到 1959 年夏，一个偶然事件的启发，才被一个叫李戎翎的人对上．

原来，1959 年 6 月，佛山寺一位老装修工托人到十里外找一段叫"九里香"的名贵木材，只两天便运到了．据说，1943 年也有人找这种木材，弄到手整整花了一年功夫，这一对比，使李戎翎想到那个"绝对"，于是他续出了下联：

"十里远，九里香，八七六五号轮，虽走四三年旧道，只二日，胜似一年"．

冰冷酒 一点两点三点

丁香花 百头千头万头

一掌擎天 五指三长两短

六合插地 七层四面八方

一大乔，二小乔，三寸金莲四寸腰，五匣六盒七彩纷，八分九分十信娇．

十九月，八分圆，七个进士六个还，五更四鼓三声向，二乔大乔一人占．

有三分水 二分竹 添一分明月

从五步楼 十步阁 望百步大江

一夜五更，半夜而更有半

三秋九月，中秋八月之中

我若有灵，也不至灰土处处堆，筋骨块块落，

汝休妄想，须知道勤俭般般有，懒惰件件无。

生前既不离左右，

死后何必分东西

一枪戳出穷鬼去，

双钩搭进富神来。

八面威风，转个弯私心一点；

大模尸样，勾入去有口难言。

上联：天上月圆，人间月半，月月月圆逢月半。

原对：今年年底，明年年初，年年年底接年初。

吾联：东海日出，西山日落，日日日出随日落。

上联：新月如弓，残月如弓，上弦弓，下弦弓。

下联：朝霞似锦，晚霞似锦，东川锦，西川锦。

古对：春雷似鼓，秋雷似鼓，发声鼓，收声鼓。

上联：方若棋盘，圆若棋子，动若棋生，静若棋死。

下联：方若行义，圆若用智，动若聘才，静若得意。

此联为李泌答张说。

上联：遇丧事，行婚礼，哭乎笑乎，细思想，哭笑不得。

下联：辞灵柩，入洞房，进耶退耶，再斟酌，进退两难。

某人新婚日母病亡，人题此联。

上联：今日过断桥，断桥何日断。

下联：明朝奔明月，明月几时明？

此联为李仕彬对其师联。

青少年应该知道的语文知识

上联：白丁不识一丁。

下联：黄甲曾位三甲。

此联为何孟春对师。

上联：善画者画意不画样。

下联：能解者解义不解文。

此联为王洪对客人。

上联：无为仁义兼爱，老子道，老子儒，老子墨。

下联：太史宣王温公，司马迁，司马懿，司马光。

【数字对联大全】

一、

乾八卦，坤八卦，八八六十四卦，卦卦乾坤已定；

鸾九声，凤九声，九九八十一声，声声鸾凤和鸣。

此联巧用了数字成对，出句构思奇特，下联对仗贴切，用数应用乘法，合理、自然，而且符合事理。

庐山东林寺联：

桥跨虎溪，三教三源流，三人三笑语；

莲开僧舍，一花一世界，一叶一如来。

上联叠用"三"字，"三教"，指儒、释、道三教；"三人"，指儒陶渊明、释慧远、道陆修静；"一花"，指菩提花；"一世界"，指佛家过去现在将来为一世，东西南北上下为一界；"一叶"，指禅宗的一个宗派；"如来"，指释迦牟尼。此联为后人写三人谈儒论道流连忘返而且留下言谈三笑的故事。联语以一对三，工整独

到，境界优美。作者善于从驳杂的事物中提取完美和谐的艺术体裁，有巧夺天工之妙。

利用数字法制作对联，可以有多种技巧，如相加、相乘、递升、递减等。下面两联，就分别采用了数字的加减运算和乘除运算：

尺谷入谷，量量九寸零十分；

七鸭浮江，数数三双多一只。

五百罗汉渡江，岸边波心千佛子；

一个美女对月，人间天上两婵娟。

再欣赏两副巧妙的数字对联。其一，"洛水元龟初献瑞，阴数九，阳数九，九九八十一数，数通乎道，道合元始天尊，一诚有感；岐山丹凤两呈祥，雄鸣六，雌鸣六，六六三十六声，声闻于天，天生嘉靖皇帝，万寿无疆。"这是明世庙斋醮对联，是袁炜所撰（见明·沈德符《万历野获编》）。世庙斋醮对联又一本云："撰灵蓍之草以成文，天数五，地数五，五五二十五数，数生于道，道合元始天尊，尊无二上；截嶰竹之筒以协律，阳声六，阴声六，六六三十六声，声闻于天，天生嘉靖皇帝，帝统万年。"此联词句与前联大同小异，据传是夏言手笔。(2)

清朝乾隆五十五年（1790）八月，高宗八旬万寿，经坛中有一长联最为壮丽，脍炙人口久，相传为尚书彭元瑞所撰。联云："龙飞五十有五年，庆一时五数合天，五数合地，五事修，五福备，五世同堂，五色斑烂辉彩服；鹤算八旬逢八月，祝万寿八千为春，八千为秋，八元进，八恺登，八音从律，八风缥缈奏丹墀。"

最后再说一则有趣的以数字联取胜的故事。相传明朝时，有个穷秀才颇有才学。但因当时科举场上徇私舞弊之风盛行，他屡试不中。过了一年，又到开科考试了，他听说主考官廉洁奉公，任人唯贤，于是打点行装，赴京城再次应举。路途遥远，秀才虽然日夜兼程赶路，可当他到达京城时，考试已经结束。秀才好说歹说，终于感动了主考大人，准他补考。主考官出的题目，是要求他用一至十这十个数字作一联。秀才听后，暗想，我就把自己一路颠簸和误考的原因说一说，以求得主考大人的谅解，便脱口说道："一叶孤舟，坐了二三个骚客，启用四桨五帆，经过六滩七湾，历尽八颠九簸，可叹十分来迟。"主考官暗暗称奇："此生才学，确实不浅！"接着，他又要求秀才从十至一作一联。秀才想把这些年自己读书、应考的苦衷表一表，便朗声说："十年寒窗，进了九八家书院，抛却七情六欲，苦读五经四书，考了三番二次，今天一定要中。"主考官听罢，连连称妙。又出联求对，秀才皆能对答如流。这一年解元的桂冠，就这样被这位穷秀才夺走了。

二、

数字对联

水冷金寒　火神庙　大兴土木一舟二橹　三人遥过四通桥
南腔北调　中军官　什么东西　万瓦千砖　百日造成十字庙

花甲重开　外加三七岁月　六合插地　七层四面八方
古稀双庆　内多一个春秋　一掌擎天　五指三长两短
冰冷酒　一点两点三点　先生讲命　甲乙丙丁戊己庚辛壬癸
丁香花　百头千头万头　童子看橡　一二三四五六七八九十

课演六爻　内卦三爻　外卦三爻七　鸭浮江　数数三双多一只
棒长八尺　随身四尺　离身四尺　尺蛇人谷　量量九寸零十分

有三分水　二分竹　添一分明月　一个美女对月　人间天上两婵娟

从五步楼　十步阁　望百步大江　五百罗汉渡江　岸边波心千佛子

取二川，排八阵，六出七擒，五丈原明灯四十九盏，一心只为酬三愿。

平西蜀，定南蛮，东和北拒，中军帐变卦土木金爻，水面偏能用火攻。

一大乔，二小乔，三寸金莲四寸腰，五匣六盒七彩纷，八分九分十信娇。

十九月，八分圆，七个进士六个还，五更四鼓三声向，二乔大乔一人占。

三、

1. 清代学者朱柏庐在其所著《治家格言》中有副对联言之谆谆：

一粥一饭，当思来处不易；

半丝半缕，恒念物力维艰。

2. 济南大明湖有一联：

四面荷花三面柳，一城山色半城湖。

3. 青岛崂山钓鱼台有副奇特的数字联；

一蓑一笠一髯翁，

一丈长杆一寸钩；

一山一水一明月，

一人独钓一海秋。

4. 湖北隆中三顾堂悬的一副楹联是：

两表酬三顾；一对足千秋。

5. 四川眉山县三苏祠有一联：

一门父子三词客；

千古文章四大家。

6. 大学士纪晓岚巧对乾隆帝：

花甲重开，外加三七岁月；

古稀双至，内多一个春秋。

7. 清人郑板桥有一联：

删繁就简三秋树；

领异标新二月花。

8. 清朝林则徐有一联是：

海纳百川有容乃大；

壁立千仞无欲则刚。

四、对联中的数学

（一）

花甲重开，外加三七岁月；

古稀双庆，内多一个春秋。

这副对联是由清代乾隆皇帝出的上联，暗指一位老人的年龄，要纪晓岚对下联，联中也隐含这个数．即上述下联。

上联的算式：$2 \times 60 + 3 \times 7 = 141$，下联的算式：$2 \times 70 + 1 = 141$。

（二）

三强韩赵魏，九章勾股弦。

上联为数学家华罗庚 1953 年随中国科学院出国考察途中所作。团长为钱三强，团员有大气物理学家赵九章教授等十余人，途中闲暇，为增添旅行乐趣，华罗庚便出上联"三强韩赵魏"求对。片刻，人皆摇头，无以对出。他只好自对下联"九章勾股弦"．此联全用"双联"修辞格。"三强"一指钱三强，二指战国时韩赵魏三大强国；"九章"，既指赵九章，又指我国古代数学名著《九章算术》。该书首次记载了我国数学家发现的勾股定理．全联数字相对，平仄相应，古今相连，总分结合。

（三）

四川一座乡村中学，一对数学教师结合夫妇，在元旦结婚之日，工会赠一副贺联云：

世事再纷繁，加减乘除算尽；

宇宙虽广大，点线面体包完。

（四）

某地一对新人，男的当会计，女的做医生，完婚之日，有人赠贺联一副：

会计合数检验误差重合数；

医生开方已知病根再开方。

嵌入"合数"、"开方"等数学名词，天衣无缝。

（五）

某市一对数学教师，几经波折，终于结为秦晋之好，同事撰一联相贺，联云：

青少年应该知道的语文知识

爱情如几何曲线；

幸福似小数循环。

"几何曲线"形象地表述了这对数学教师爱情历经坎坷曲折；"小数循环"是一个无穷无尽的数值，借此祝贺新人的美满幸福，天长地久，实在是神来之笔。

五、延续 400 多年的数字联

数字对联，生动有趣，令人记忆犹新。

明朝嘉靖年间，江西吉水县的状元罗洪光与几位饱学之士同游九江。顺流而下，江风助行，眼看九江就要到了。这时，邻船一名船夫慕名来到罗洪光的船上，说有一个上联，请大人续对。

罗洪光根本没把船夫放在眼里，心想：凡夫俗子，能出什么妙联？上联无趣，我对之也无味。待船夫写出上联，罗洪光却傻了眼，迟迟无法下笔，同船的文人墨客你看我，我看你，也不知所措。那船夫的上联是：

"一孤舟，二客商，三四五六水手，扯起七八叶风篷，下九江，还有十里"。

上联不仅说出了实事，而且把从一到十的这十个数目字按顺序嵌进去，成了"绝对"。从那以后，400 年没人能对出来。

直到 1959 年夏，一个偶然事件的启发，才被一个叫李戎翎的人对上。原来，1959 年 6 月，佛山寺一位老装修工托人到十里外找一段叫"九里香"的名贵木材，只两天便运到了。据说，1943 年也有人找这种木材，弄到手整整花了一年功夫，这一对比，使李戎翎想到那个"绝对"，于是他续出了下联：

"十里远，九里香，八七六五号轮，虽走四三年旧道，只二

六、

　　对联是我国一种喜闻乐见的文字形式，下面两副对联，因巧妙地运用数字，更显的别有一番情趣。某人为了表达对教师的赞赏、敬慕之情，作了一幅对联：一支粉笔，两袖清风，三尺讲台，四季晴雨，加上五脏六腑，七嘴八舌九思，十霜教书有方，滴滴汗水，诚滋桃李满天下；十卷诗赋，九章勾股，八索文史，七纬地理，连同六艺五经，四书三字两雅，一生诲人不倦，点点心血，勤育英才泽神州。此联上下联虽长，但两联均因巧妙嵌十数，一顺一倒，相应成趣，构思精巧，修辞奇妙，把老师的敬业、乐业精神表现的淋漓尽致。

　　中国文字的丰富多彩，还表现在对联的运用上。有一种对联全是用数字组成的，很有意思：据说郑板桥在山东当县令时，经常微服私访，体察民情。有一年过春节前，他去到一个小村子，见一户人家大门上贴上了一副全是数字的古怪对联二三四五，六七八九。横批：缺一少十，郑板桥看后，叹了一口气，马上叫人取来米面和衣物，送给这户人家。这户人家感激的跪在地上叩头谢恩。别人问郑板桥："大人，你怎么知道这户人家过不了年啊？"郑板桥说："这副对联不是写得很清楚吗？它告诉人们，他家缺一（缺衣）少十（少食），只有南北，没有东西。缺衣少食，没有东西，如何过年。"改革开放后，山东的农村发生了翻天覆地的变化，农民开始富裕起来了，在山东的一个小村子，有一户人家贴出一副也是全是数字的对联：一一二三四五，六七八九十十。这副奇特的对联引起大家的注意，只是不解其意。有一个上了年纪的老头琢磨了半天，猜出其中含义，说："这副对联多了一个一，又多了一个十。多一多十（多衣多食）啊。"据说解放前国民当政府腐败无能，造成民不聊生，那些贪官还经常把"忠孝仁爱礼义廉耻"挂在嘴边。有群众写了一副对联登在报纸上：一二三四五六七，忠孝仁爱礼义廉。大家一看就知道是骂那些贪官。第一句忘了八字，"忘八"的谐音是"王八"。第二句无"耻"字，就是无耻。骂那些贪官是"王八"、"无耻"。

七、

1987 年齐齐哈尔的李人凤设奖征联："一国两制构想，逢三春四化，今天五脏六腑也增艳。观天有七彩长虹，地有八面好风，为我九州山河，十亿民众，百载、千秋、万代，年年岁岁兆时运。"联中嵌十四个数字，先后应对者五百多人，贵州的张定才对道："天造地设基业，看斗转星移，世势日新月异皆生辉。数先为北除军阀，后为东逐日寇，愿斯西域民族，南国侨胞，港安、澳定、台随，处处时时共升平。"对者虽说没有用数字，但紧扣当前形势，有新意，堪称佳对。

某地十佛寺联："万瓦千砖，百匠造成十佛寺；一舟二橹，三人摇过四仙桥。"上联'万、千、百、十'逐步递减；下联'一、二、三、四'逐步递增，显示出一种动静相生的自然美。

黑龙江的王益三在章回对联故事中有一数字对联："一座庙，二僧人，出三界，遁五行，衣百衲，行万里，度八方，游冬历秋度春夏；白塔街，黄铁匠，生红炉，烧黑炭，冒青烟，闪蓝光，淬紫铁，坐北朝南打东西。"用颜色、方位对数字、四时，饶有兴味。

还有一副有名的数字联："收二川，排八阵，六出七擒，五丈

原头，四十九盏明灯，一心只想酬三顾。"联中嵌了一至十的数字，写了孔明的十件事，一时成为绝对。后来有人同样用孔明的生平事迹，用五方'东南西北中'加上五行'金木水火土'，对得工整自然："取西蜀，定南蛮，东和北拒，中军帐里，金木土革爻卦，水面偏能用火攻。"

青少年应该知道的语文知识